JN083331

〔五 訂 版〕

# 基礎簿記会計

市原 啓善・許 霽・櫻田 譲・園 弘子・

髙木 秀典・政田 孝・柳田 具孝・矢野 沙織　共著

五 絃 舎

# はしがき

　本書はこれから初めて簿記を学ぼうとする方を対象とした簿記会計の入門書です。簿記は企業を
はじめ多くの経済主体の経済活動の状況を日々記帳していく記録・計算そして報告の技能です。簿
記は会計の一領域ですが，そのすべてではありません。しかしながら会計のすべての領域は簿記に
基づく記録から始まります。そういう意味で簿記は，会計実践の基礎であるとともに，会計の学び
における第一歩と位置づけられます。

　上記を踏まえ，執筆者一同は，本書において二つの目標を達成しようとしています。一つは読者
が本書によって基礎的簿記知識と技能を習得できることを目指しました。そのため本書の序では簿
記に纏わる会計的基礎知識に触れ，1章以下からは簿記の具体的処理方法を設例とともに解説して
います。その上で二つ目の目標として，読者を簿記から更に実践的会計応用へと導くことを目指し
ました。これは本書の特徴でもあり，その目的のために最終章には税務会計の基礎を収めました。
税務実践は社会で活動する者が等しく関わる領域です。個人事業主の他，給与をはじめ何らかの収
入を得ている者は，所得および納税額の計算を行う必要があります。

　執筆者一同，本書で簿記を学習する読者が，本書での簿記習得および税務会計に触れることで，
原価計算や財務分析などの会計実践や応用，そしてその背景にある会計学の論理構造に興味を抱い
てくれることを強く期待します。最後に，出版にあたっては五絃舎社長 長谷雅春氏に大変ご尽力
頂きました。厚くお礼申し上げます。

2011年3月

園　弘子

## 五訂版発行に当たって

　今回，2019年度に行われた日商簿記検定の試験範囲改訂に伴い本文の見直しを行った。また五訂
版の発行に当たり新たに柳田具孝先生（東京理科大学）を迎えた。

2021年3月22日

櫻田　譲

# 目　　次

はしがき

第1章　簿記とは ——————————————————————— 1

第2章　企業会計の基礎 ————————————————— 8
　第1節　簿記の基本原理·············································· 8
　第2節　決算手続き···················································· 13
　練習問題··································································· 19

第3章　現金預金 ————————————————————— 20
　第1節　現　　金······················································ 20
　第2節　預　　金······················································ 24
　第3節　小口現金······················································ 28
　第4節　銀行勘定調整表·············································· 32
　練習問題··································································· 35

第4章　商品売買 ————————————————————— 37
　第1節　記帳方法······················································ 37
　第2節　帳簿書類（補助簿）········································· 40
　練習問題··································································· 44

第5章　売掛金・買掛金 ————————————————— 45
　第1節　売掛金勘定と買掛金勘定··································· 45
　第2節　人名勘定······················································ 46
　第3節　得意先元帳と仕入先元帳··································· 46
　第4節　返品・値引・割戻············································ 48
　第5節　割　　引······················································ 48
　第6節　貸倒損失と貸倒引当金······································ 49
　第7節　償却債権取立益勘定········································· 51
　練習問題··································································· 52

第6章　手形取引 ————————————————————— 53
　第1節　手形の意味と種類··········································· 53

第2節　約束手形 ··············································································53

第3節　為替手形 ··············································································54

第4節　自己宛為替手形と自己受為替手形 ····················56

第5節　手形の裏書譲渡 ·································································57

第6節　手形の割引 ·········································································57

第7節　手形貸付金と手形借入金 ·············································58

第8節　荷為替手形 ·········································································59

第9節　電子記録債権・電子記録債務 ·····················60

第10節　受取手形記入帳と支払手形記入帳 ····················60

練習問題 ······························································································63

### 第7章　その他の債権債務 ──────────── 65

第1節　貸付金と借入金 ·································································65

第2節　前払金（前渡金）と前受金 ·········································65

第3節　未収金と未払金 ·································································66

第4節　立替金と預り金 ·································································67

第5節　仮払金と仮受金 ·································································68

第6節　受取商品券 ·········································································69

第7節　未決算項目（火災や盗難など） ·································69

第8節　差入保証金 ·········································································70

練習問題 ······························································································71

### 第8章　有価証券 ──────────────── 72

第1節　有価証券の購入 ·································································72

第2節　有価証券の売却 ·································································74

第3節　配当・利息の受け取り ···················································75

第4節　有価証券の差入・保管，貸借 ·····································77

第5節　有価証券の期末評価 ·······················································78

練習問題 ······························································································83

### 第9章　固定資産 ──────────────── 84

第1節　有形固定資産と減価償却 ·············································84

第2節　減価償却費の計上と償却済み資産の売却 ··············86

第3節　無形固定資産の簿記処理 ·············································90

第4節　投資その他の資産 ·····························································91

練習問題 ······························································································93

第10章　資本金と純資産 ──────────────────────────── 94

　第1節　資本金 ·············································································· 94

　第2節　資本金と剰余金 ································································· 96

　補　節　資本金の増加・減少に関する計算問題 ·························· 97

　練習問題 ···················································································· 99


第11章　決　　算 ──────────────────────────────── 100

　第1節　決算手続きとは ································································ 100

　第2節　決算予備手続き ································································ 100

　第3節　決算本手続き ··································································· 105

　練習問題 ···················································································· 108


第12章　本支店会計 ───────────────────────────── 109

　第1節　支店会計の独立 ································································ 109

　第2節　本店勘定と支店勘定 ·························································· 109

　第3節　本支店間取引 ··································································· 110

　第4節　支店相互間の取引 ···························································· 112

　第5節　未達取引の処理 ································································ 113

　第6節　内部利益の控除 ································································ 114

　第7節　本支店合併財務諸表の作成 ··············································· 115

　練習問題 ···················································································· 118


第13章　帳簿組織と伝票式会計 ─────────────────────── 120

　第1節　帳簿組織 ········································································· 120

　第2節　伝票式会計 ······································································ 127

　練習問題 ···················································································· 133


第14章　法人税の計算 ──────────────────────────── 135

　第1節　法人税の概要 ··································································· 135

　第2節　損金益金 ········································································· 137

　第3節　別表四における計算 ·························································· 140

　第4節　別表一における計算 ·························································· 142

　第5節　消費税の処理 ··································································· 143

　練習問題 ···················································································· 145

**第15章　所得税の計算** ───────────────── 148

第 1 節　所得税の概要 …………………………………………………148

第 2 節　所得の計算 ……………………………………………………152

第 3 節　主な所得控除 …………………………………………………159

練習問題 …………………………………………………………………161


**第16章　連結会計** ─────────────────── 165

第 1 節　連結財務諸表とは ……………………………………………165

第 2 節　連結貸借対照表 ………………………………………………166

第 3 節　連結損益計算書 ………………………………………………167

第 4 節　連結株主資本等変動計算書 …………………………………169

第 5 節　会社の合併 ……………………………………………………169

練習問題 …………………………………………………………………171


索　　引…………………………………………………………………173

# 第1章　簿記とは

## 1．簿記技術 ── 500年の歴史を受け継いで

　簿記（Book-keeping）とは企業の経済活動を一定のルールに基づいて記録・計算・報告する技術です。18世紀のドイツの文豪で法律家，政治家でもあったJ.W.ゲーテは自伝的小説『ウィルヘルム・マイスターの修行時代』（1795年）の中で，簿記に関連した次のような一節を残しています。親友いわく，「またあの複式簿記，あれがどんなに商人に利益を与えてくれたことか。あれこそ人間の精神が発明した最も立派な発明の一つだよ。」この文章はゲーテの時代，既に簿記が一般的なものであったことを推察させる一文であるとともに，またその登場人物に簿記を賛美させてもいます。さて上記の親友の発言に対しウィルヘルムは「……君は形式から始めるんだね。それが内容ででもあるかのように…。」と語りかけます。この発言は何を意味するのでしょう。ゲーテ自身の意図は別として，簿記という学問領域の特徴を比喩しているように思われます。

　現実の経済現象を如何に適時・適切に数値化して写像することができるのか，これが会計という領域に課された課題です。それは地図がこれを見る者に実際の地形や方角を理解させ適切な行動をとるのに役立つ資料であるのと同じように，会計は，その利用者に当該企業の状況やその経済活動がどのようなものであるのかについて，適切な理解を提供する資料でなければならないのです。簿記は一定のルールに基づくという意味で形式かもしれません。しかしその簿記技術（記録の技能のみならず読解の技能知識も含みます）の修得は，リアルな世界でおこった企業の状況を把握し，様々な意思決定に役立ちます。つまり簿記という形式習得は，企業に関するあらゆる内容理解のエントランスです。

　簿記を単に財産の備忘的記録とみれば，この技術が人間社会に持ち込まれたのはローマ時代以前からともいわれています。しかしこれから皆さんに紹介する簿記技術について言えば，その書式などにローマ時代のそれらの影響を見出すことができるものの，現在の簿記の基礎となるものは，その後のさらなる南欧の文化と経済活動隆盛の中，商人達が自然発生的に実務の中で自己の経済活動・財産の記録の必要性から，その技法を工夫し発展させてきたものが現在に至っているといわれています。ヴェニスの数学者で僧侶でもあるルカ・パチョリ（Luca Pacioli）は若い頃に商家の家庭教師を勤め，その時に触れた簿記技術を，数学の書である『ズンマ』（1494年）の一部において紹介しています。当時こうした学術書の多くが一般の人には利用されないラテン語で書かれたのに対し，『ズンマ』がイタリア語で記されたことと，また時期を同じくして発明された活版印刷技術とによって，この書はその後の簿記の伝播と浸透に大きく貢献しました。

　日本でもいわゆる大福帳の利用にみられるような記帳技法が商人達に実践されていましたが，上記の簿記と起源を同じくする現在のような簿記が取り入れられるようになったのは明治以降です。福沢諭吉は当時のアメリカの商業学校の簿記テキストを『帳合之法』（1873年）として翻訳出版し

ています。その後，民間の簿記講習所や商業講習所も開設されました。また政府は銀行学局を設立し英国人教師アラン・シャンド（Allan Shand）を招聘し官吏10名の指導にあたらせました。更にその10名の受講者が銀行学伝習所および銀行事務講習所等の教員を務め，地方銀行がそこへ行員を研修に出すという形で，銀行業界にも簿記（銀行簿記）は普及しました。更に明治政府は簿記技能の民間浸透が興国につながると確信しており，簿記は当時の高等小学校の授業科目となり，これは昭和初期まで続きました。このことは前述したゲーテがワイマール公国の大臣であった時代に，やはり簿記を国の義務教育科目としたのと同様で，近代資本主義の確立期において，国家が簿記技能浸透を自国の経済発展を支える国民の基礎能力として重視していたことが窺われます。

　ところで簿記に基づいた記帳を行っているからといって最適な意思決定が行え，事業が破たんしないというものではありません。経営判断やその他の意思決定には，更に別領域の知識や技能また経験も必要でしょう。しかし簿記がその基本体系を整え既に500年以上が経過した今でも，尚その知識修得への社会的支持は薄れません。それは現代社会においても，あらゆる経済主体とその利害関係者にとって，簿記に基づく記録がその客観性と公正妥当性の合意を得た重要な意思決定資料だからです。


## 2．財務諸表と二つの計算構造

### 財務諸表と会計期間

　事業体が関わる経済事象つまり取引は，継続的に記録され更に簿記一巡の手続きによって整理・集計され，いく種かの書類にまとめられ報告されます。これらの書類を財務諸表（Financial Statement：F/S）と呼びます。財務諸表とは貸借対照表（Balance Sheet：B/S）や損益計算書（Profit and Loss Statement：P/L，またはIncome Statement：I/S），キャッシュフロー計算書（Cashflow Statement）などの総称です。財務諸表という書式が存在するわけではなく，財務諸表とは上述の会計書類の総称です。この中でキャッシュフロー計算書は1999年から制度上その開示が要求されるようになりましたが，本書では簿記一巡の手続きにおいてとくに入門的でまた重要な財務諸表でもある貸借対照表および損益計算書を中心にみていきます。

　下記の雛形では，貸借対照表も損益計算書もひとつの面を左右二面に分割した書式をとっています。この書式は勘定式と呼ばれる形式で，これらの表において左は借方（カリカタ），右は貸方（カシカタ）と呼ばれています。簿記ではこれらの財務諸表に限らず左右のある全ての帳票類において，左を借方，右を貸方と呼びます。簿記入門時にはなかなか覚えにくく，また誤解や錯覚に陥りやすい名称かもしれません。言葉の由来はローマの荘園時代，それは貴族が自ら商売をしたり金銭管理をしたりすることが卑しいとされた時代です。そのため領主に代わりその従者がそれらの管理をしたわけですが，従者はその際，領主の財産を一旦借り受け，これを運用しているという解釈にたってその管理をしていたといわれています。そのため領主の財産リストを記した左側を（従者にとって領主からの）借受側，つまり借方としたという説もあります。しかし借方（かりかた）の「り」の字，貸方（かしかた）の「し」の文字のはねの方向でこれをまず覚えてしまうということも，先達の多くの初学者がしてきたことでもあります。

貸借対照表と損益計算書

| 貸借対照表 | | | | 損益計算書 | | | |
|---|---|---|---|---|---|---|---|
| （高知商店）　X1年12月31日 | | | | （高知商店）　X1年1月1日から12月31日まで | | | |
| （資産の部） | | （負債の部） | | （費用の部） | | （収益の部） | |
| 現　　金 | 350,000 | 借入金 | 1,500,000 | 給　　料 | 1,200,000 | 売　　上 | 1,200,000 |
| 当座預金 | 400,000 | （純資産（資本）の部） | | 光熱費 | 200,000 | 受取手数料 | 900,000 |
| 備　　品 | 250,000 | 資本金 | 3,000,000 | 広告料 | 100,000 | | |
| 建　　物 | 1,500,000 | 繰越利益剰余金 | 500,000※1 | 支払利息 | 100,000 | | |
| 土　　地 | 2,500,000 | | | 当期純利益 | 500,000 | | |
| | 5,000,000 | | 5,000,000 | | 2,100,000 | | 2,100,000 |

※　個人事業の場合は「当期純利益」，株式会社では「繰越利益剰余金」

　貸借対照表と損益計算書の表上部には当該事業体名と日付を付します。この日付の付け方が，貸借対照表と損益計算書とでは異なっています。　貸借対照表には時点を示す日付が，損益計算書には期間を示す日付が記載されます。事業体では常にその活動を通じて経済価値の流出入が不断なく繰り返されます。たとえば売上代金（現金や預金口座への振り込み）の受け入れや事業活動のために調達した事務用品などのいわゆる備品といった経済価値の流入や，商品仕入れの支払などによる現金等の支出といった経済価値の流出です。簿記会計では，こうした経済価値の流出入（増減）を取引として認識し，継続的に記録していきます。財務諸表作成にあたっては，この活動を人為的に期間を区切り，その一定期間を対象とした報告をします。この会計報告の対象となる一区切りを会計期間と言い，その始まりを期首，終わりを期末と言います。また期末における財務諸表作成手続きを決算と呼びます。そのため期末（日）のことを決算日とも言います。

会計期間

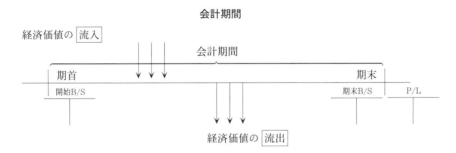

a貸借対照表

　貸借対照表の借方には資産に属する項目とその金額が，貸方には負債と純資産（資本）に属する項目とその金額が記載されます。まず借方の資産とは企業が事業活動のために所有している実際の経済価値である財貨や債権を言い，これには現金や預金，備品，建物，土地などのほか後日金銭を受け取れる権利である貸付金,売掛金などがあります。次に貸方には負債と純資産（資本）とが記載されます。この借方の資産と貸方の負債及び純資産（資本）とを一対にした表示は以下の関係を示しています。事業体が上述のような各種資産を所有しているということは，事業体はその資産を手に入れるに際し，同額の資金をどこからか調達してきているはずです。その資金の出所を示すのが貸借対照表の貸方です。負債は銀行等の債権者から調達した資金であり，純資産（資本）はその

事業体オーナーまたは株主が拠出した元手資金です。負債と資本はその調達もとが他者（銀行等）なのか自己（事業主自身）なのかが異なるものの，ともに事業活動の資金として機能しているという点は共通しています。そのため純資産（資本）を自己資本または持分，負債を他人資本ということもあります。

　さて貸借対照表はこのように事業体の所有する資産の一覧と，その資金的裏付けを調達源泉別に負債および純資産（資本）として報告する財務諸表として機能しています。資産を多く抱えている事業体は一見豊かに見えます。しかし，もしその事業体がその資産を所有するために資金調達の相当額を負債に依存していたとすると，その事業体の財政状態は決して良いとは言えないでしょう。事業体の財政状態とは単に資産総額で評価されるのではなく，純資産（資本）と負債のバランスを含めた資金の調達状況（貸方）とその資金をどのような資産に資本投下して事業運営を図っているのかを示す資産一覧の構成（借方）の総合的判断によって評価されます。したがって貸借対照表は事業体の財政状態を示す財務諸表であると理解されています。貸借対照表上でのこうした資産・負債・純資産（資本）の関係は，貸借対照表等式と呼ばれる以下の恒等式として示されます。また純資産（資本）に注目した式の変換により，資本等式と呼ばれる式で各項目の関係を表現することもあります。

貸借対照表等式・・・資産 ＝ 負債 ＋ 純資産（資本）

資本等式・・・・・・純資産（資本）＝ 資産 － 負債

　資本等式では純資産（資本）は資産から負債を控除した額として示されています。そのためこうした概念での資本は，資産のうち他者の資金によらずに調達されている資産相当額を示しているので，これを純資産ないし純財産と表現することもあります。ただし，これは計算としての総額的な対応概念ですから，貸借対照表上の各々の資産項目が，調達資金としてのどの負債と結び付いているとか，調達資金としての純資産（資本）と結び付いているというような具体的対応を意味するものではありません。旧来，純資産（資本）は資本という呼称が最も一般的でしたが，2006年の会社法改定を機に昨今は純資産という呼称が浸透・定着しつつあります。しかしながら今でも純資産は資本，自己資本，持分，純財産などいくつもの呼称が，その機能の解釈に関連して使用されています。いずれにしても貸借対照表は企業の有する経済価値を，資金の運用形態（借方）と資金の調達源泉（貸方）として示すことで，当該事業体の財政状態を明らかにしようとする報告書です。

　貸借対照表は期末毎に作成しますが，その時点で所有している資産一覧とその資金的裏付けとを左右（貸借）一対にして提示した財務諸表ですから，たとえば11月30日には11月30日の資産・負債・資本の状態があり，また12月31日には12月31日におけるそれらの状態があるはずです。したがって日々その状況に応じた貸借対照表を作成することは論理的に可能です。しかし会計処理にコンピュータを導入しない限り，取引ごとに変化する各項目の状況に即して貸借対照表を日々更新して作成することは時間と手間において困難です。あえて作成するとすれば，期首時点の貸借対照表を作成することがあります。これは特に開始貸借対照表と言います。開始貸借対照表は決算時に作成される

期末貸借対照表との比較という経営分析目的で作成されます。しかし継続して事業を営んでいる場合は前年度の決算で作成した貸借対照表がそのまま翌年度の開始貸借対照表に当たるわけですから，特にその作成に手間がかかるということはありません。但し株式会社ではない個人事業体が前期末貸借対照表を翌期の期首（開始）貸借対照表とする場合は，前期末貸借対照表の資本金額と当期純利益額との合計値を，開始貸借対照表の資本金の額とすることになります。たとえば前掲の貸借対照表で，高知商店が個人事業である場合X2年1月1日の資本の額は¥3,500,000です。実は高知商店のX1年12月31日時点の資本金額も本来は¥3,500,000です。これは期首時点つまりX1年1月1日の高知商店の資本は¥3,000,000で，そこからの1年間の事業活動により¥500,000の当期純利益を獲得したことを示しています。ここで期末に計算される当期純利益は，実は期末時点では自己資本の一部として機能しています。つまり貸借対照表借方に表示されている資産の資金的裏付けの一部です。しかし当期純利益が期末時点で，純資産（資本）の一部であるにもかかわらず，貸借対照表でこれを一括して「資本金3,500,000」と表示しないのは，X1年の期末貸借対照表を見る者にその資本額が，期首と比して増加した結果3,500,000に至ったものなのか，あるいは期首に比して減少すなわち事業的失敗の結果として3,500,000に至っているのかを一見してわかるようにするためです。

b 損益計算書

さて損益計算書では借方に費用，貸方に収益が記載されています。損益計算書は損益計算書等式と呼ばれる下記の恒等式で表すことができます。

**損益計算書・・・費用総額＋当期純利益 ＝ 収益総額**

ここで収益とは営業活動の成果として獲得した経済価値です。収益には売上や受取手数料，受取地代などがあります。一方，費用とは収益という成果を得るために犠牲にした経済価値です。費用には従業員を雇えば賃金，給与が発生しますし，他にも光熱費，通信費，支払家賃，広告宣伝費，支払利息などがあります。事業活動では収益を獲得する一方で費用も発生します。しかし費用以上の収益を獲得すればその差額が当期純利益ということになります。逆に費用総額が収益総額を上回るような場合は，損益計算書の貸方に当期純損失が計上されることになります。

貸借対照表では，当期純利益または純損失相当額の繰越利益剰余金もしくは資本金が増減しました。貸借対照表と損益計算書は当期純利益ないし当期純損失（当期純利益ないし当期純損失を当期純損益として一括して表現することもあります）でつながっています。つまり収益は資本を増加させ，費用は資本を減少させる要素です。期中の資本増加要素（収益）と資本減少要素（費用）とを比較し，その差額が当期純利益すなわち事業活動を通しての資本増加ないし，当期損失すなわち事業活動を通しての資本減少という結論として認識され損益計算書に表示され，同額が貸借対照表の純資産（資本）を変動させます。貸借対照表は会計期間中の資本の増減結果のみを示していますが，損益計算書は，資本増減の原因を，増加要因（収益）と減少原因（費用）とを対応表示することで説明していると言えます。そのため貸借対照表が事業体の財政状態を報告する財務諸表として機能しているのに対して，損益計算書は事業体の経営成績を明らかにする報告書として機能しています。

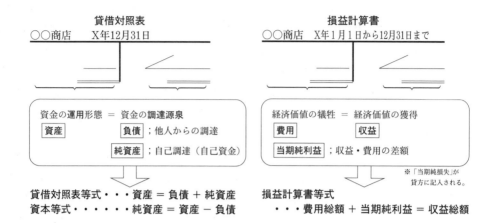

貸借対照表等式・・・資産 ＝ 負債 ＋ 純資産　　　損益計算書等式
資本等式・・・・・・純資産 ＝ 資産 － 負債　　　・・・費用総額 ＋ 当期純利益 ＝ 収益総額

　以下は，貸借対照表と損益計算書作成に至るまでの簿記一巡の手続きです。

**簿記一巡の手続き**

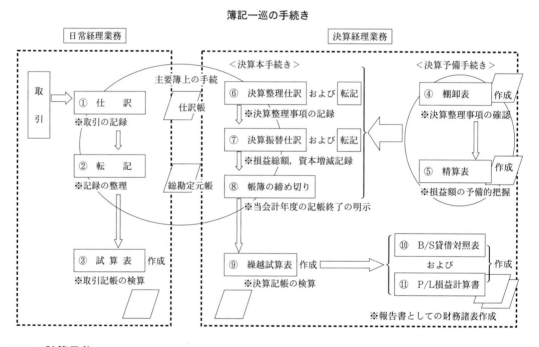

## 二つの計算思考

　財務諸表の上部に付される日付について，貸借対照表は「○年○月○日（現在）」であるのに対して損益計算書は「○年○月○日から○年○月○日（まで）」となっていました。貸借対照表と損益計算書とで日付のつけ方が異なるのは，それぞれの財務諸表作成における計算思考の相違を反映しているからです。貸借対照表と損益計算書それぞれの財務諸表は各々異なった計算思考が適用されています。ここではそれぞれの計算思考をみていくことで，貸借対照表と損益計算書での当期純損益が同額であることを確認し，またそれぞれが異なった計算思考を採ることの会計上の意義をみておきます。

　計算思考の一つはフロー計算といわれるもので，一定期間に観察されるプラス現象とマイナス現象

という流れ（フロー）をもとに，流入総額と流出総額とを比較して，純額の変化量を計算するものです。もう一つはストック計算といわれるもので，こちらは途中の変化について観察することはなく，二時点の残高（ストック）を単純比較して変化量を計算する方法です。

　この計算は特に会計に限って使われるものではなく，ごく日常的に利用されています。たとえば家で朝テーブルにみかんが７つあったとして，夜にはそれが，９つになっていたとします。みかんは昼間，母親によって６つ買い足されていたのですが，夕方には子供たちがおやつに４つ食べてしまったのです。父親は昼間の出来事を知らずとも，朝テーブルにみかんが７つありそして夜には９つになっていることから，９－７＝２によって，みかんが２つ増えていることを知ることができます。また母親がその忙しさのあまり朝と夜のテーブル上のみかんの数を確認していなかったとしても，自身の行動である６つ買い足してきたものの，子供たちにおやつとして４つを与え消費していることを思い起こせば，６－４＝２で我が家にみかんが２つ増えたことを知ることができます。更に朝と夜の時点でのストック計算２と，今日一日の間の買い足しと消費というフロー計算の結果２とは当然同じ計算結果です。またふたつの計算方法を併用することで，それぞれの計算結果を相互に検証しあっていることになります。

### 財務諸表と二つの計算思考

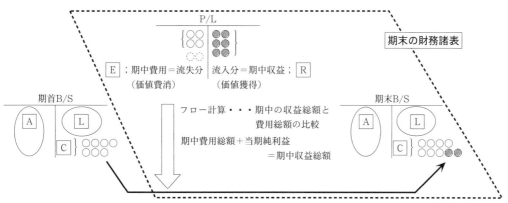

貸借対照表にはストック計算が利用されています。実際には朝のみかんと夕方のみかんのように，期首と期末を単純比較して貸借対照表を作成するというわけではありませんが，純資産（資本）の表示において期首という一時点と期末という一時点の状態を比較する表示方法をとっているのでそのように解釈されています。一方損益計算書にはフロー計算が利用されています。費用はまさに価値の流出ですし，収益は価値の流入です。その差額が資本の純増減となる当期純損益として計算表示されていますから，まさにフロー計算と言えるでしょう。財務諸表は，貸借対照表でストック計算を損益計算書でフロー計算という異なった計算を行いながら，それぞれに当期純損益を算定することで，簿記会計はその計算の完全性と検証可能性を高めているということになります。

# 第2章　企業会計の基礎

## 第1節　簿記の基本原理

### 1．取引と勘定

　企業はその日々の経済活動を"一定の技法"により貨幣数値をもって記録・計算し，その記録を整理して定期的に一定の書式にまとめ報告します。こうした記録・計算・報告の行為が会計です。社会における会計実践は，それが企業自身の経営管理に役立つだけではなく，企業の利害関係者，たとえば金融機関や投資家などが何らかの意思決定を行うに際しても有用な資料を提供します。そういう意味で会計は当該企業のみならず社会においても重要な意義を持ちます。さてこの会計実践ですが，これは全て経済活動の記録からスタートしています。簿記とはまさに帳簿記帳技術であり，企業等の経済活動を記録する"一定の技法"です。この章では，会計実践の記録・計算・報告の一巡の概要を把握する目的で，簿記上の取引とその記録技法の概要から始め，簿記一巡の流れを概説します。

　簿記は，企業の日々の取引を記録することから始まります。簿記における**取引**とは，**資産・負債・純資産（資本）の増減や収益・費用の発生**の原因となる事柄を指します。たとえば，商品の仕入れや売上げ，銀行からの借入れ，給料や家賃の支払いなどのことです。これらは，一般に言われる取引と同じです。

　しかし，簿記上の取引には一般には取引と言われるものの，簿記上は取引と扱わないものもあります。たとえば，商品の注文や建物の賃貸借契約などは資産・負債・純資産（資本）の増減や収益・費用の発生の原因とはならないので，簿記上は取引ではありません。一方，火災による建物の損失は，一般に言われる取引ではありませんが，資産の減少となるため，簿記上は取引とします。

　この取引を記録する場合，まずその取引がどのような要素で成り立っているのかと考え，それらをそれぞれ記録しなければ，その取引を記録したことにはなりません。たとえば事務用の机を購入し現金で支払ったのなら，この取引を記録するとは机を獲得したことを記録し，また現金を支出したことを記録するということです。つまり取引を記録するとは，机や現金といった項目についてのそれぞれの状況を記録するということです。この机や現金という項目名を簿記では**勘定科目**と言います。

　机も現金も資産ですが，ただ資産として同じに扱うのではなく，現金という資産，机という資産として，それぞれを区別して扱います。そのためこの現金や机といった項目名が取引記録の最小単位ということになります。資産の勘定科目には現金，預金，商品，備品，建物，貸付金，売掛金，受取手形，未収入金，土地などがあります。負債の勘定科目には借入金，買掛金，支払手形，未払

金などがあります。なお"机"という記録単位は，実際の簿記では備品という勘定科目名で表現されます。科目表現の詳細は必要に応じ，後述します。

　さて，各勘定科目ごとにその状況，つまり，増加や減少を記録していくわけですが，その科目ごとに設けられた記録の場所を勘定口座と言います。現金という科目の増減を記録する場所は現金勘定口座，机などを内容とする備品についての記録の場所が備品勘定口座となります。

　勘定口座の形式には標準式と残高式がありますが，便宜的に次のようなT字型が多く用いられます。勘定口座の左側を**借方**（debit），右側を**貸方**（credit）と言います。

　資産の勘定口座であれば，貸借対照表の左側（借方）に記載されるので借方がその科目に関する増加を記録する場所となり，負債は，貸借対照表の右側（貸方）に記載されるので貸方がやはりその科目の増加を記録する場所となります。同様に，純資産（資本）は貸方が増加となります。なお，資本勘定は，貸借対照表においては純資産の一項目として記載されます。（この章では，純資産の項目は資本だけなので，純資産と資本は同義と考えてください。）

　また，収益は損益計算書の右側（貸方）に記載されるので貸方が発生となり，費用は損益計算書の左側（借方）に記載されるので借方が発生となります。

### 勘定記入の方法

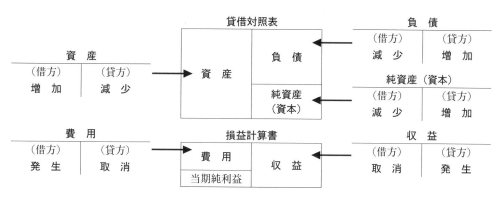

### 設例2-1

　4月25日　商品¥15,000（仕入価額¥10,000）を売り渡し，代金は現金で受け取った。

　¥15,000の商品の代金を現金で受け取ったので，現金（資産）が増加しています。そこで，現金勘定の借方に記入します。

一方で，¥10,000で仕入れた商品を売り渡したので，商品（資産）が減少しています。そのため，商品勘定の貸方に記入します。さらに，このとき，¥5,000（＝¥15,000－¥10,000）の商品売買益（収益）が発生しています。これを，商品売買益勘定の貸方に記入します。

　このように，全ての簿記上の取引は二面性を有しています（**取引の二面性**）。そして，全ての勘定の借方の合計金額と全ての勘定の貸方の合計金額は，常に一致します。このことを**貸借平均の原理**と言います。資産・負債・純資産（資本）の増加および減少，収益・費用の発生が結びついている関係を示すならば，次の図のように示されます。

**取引の結合関係**

| 資産の増加 | 資産の減少 |
|---|---|
| 負債の減少 | 負債の増加 |
| 純資産（資本）の減少 | 純資産（資本）の増加 |
| 費用の発生 | 収益の発生 |

## 2．仕訳と転記

　取引を毎回勘定口座に直接記入していくと，記入間違いや記入漏れをしてしまうかもしれません。そこで，正確に勘定口座に記入するため，勘定へ記入する前に**仕訳**という作業を行います。仕訳とは，取引を借方要素と貸方要素に分解し，勘定科目と金額を決定することです。

　設例2－1の取引を仕訳すると，借方要素として，現金（資産）の増加¥15,000，貸方要素として，商品（資産）の減少¥10,000と商品売買益（収益）の発生¥5,000に分解することができます。

### 設例2－2

　設例2－1の取引を仕訳しなさい。

| （借）現　　　　　金 | 15,000 | （貸）商　　　　品 | 10,000 |
|---|---|---|---|
| | | 商品売買益 | 5,000 |

　（借）や（貸）は，それぞれ借方と貸方の略です。仕訳は，**仕訳帳**（journal）という帳簿に記入します。仕訳を，仕訳帳に記入すると，次のようになります。

仕　訳　帳 仕訳帳のページ（丁数）→ 1

| 日 付 | 摘　　　　要 | 元丁 | 借　　方 | 貸　　方 |
|---|---|---|---|---|
| 4　1 | （現　　金） | 1 | 1,000,000 | |
| | （資　本　金） | 12 | | 1,000,000 |
| | 元入れして開業 | | | |
| 25 | （現　　金）　　諸　口 | 1 | 15,000 | |
| | （商　　品） | 3 | | 10,000 |
| | （商品売買益） | 9 | | 5,000 |
| | 長崎商店に売り上げ | | | |
| | 次ページへ | | 1,160,000 | 1,160,000 |

① 日付欄　取引が発生した日付を記入する。ただし，1つ前の取引と同じ月に取引が発生した場合は，日にちだけでよい。また，同じ日に2つ以上の取引が発生し，同じページに記入する場合は，日にちの欄に「〃」を記す。

② 摘要欄　勘定科目を記入する。借方の勘定科目は左側に，貸方の勘定科目は次の行の右側に書く。勘定科目には，括弧を付す。仕訳の下に，取引の内容を簡単に書いたものを小書きと言う。やや小さめの字で記す。

　　借方もしくは貸方の勘定科目が2つ以上のときは，勘定科目の上に諸口と記入する。諸口とは，仕訳の際に，借方もしくは貸方に複数の勘定科目が存在していることを意味する。一方の勘定科目が1つ，他方の勘定科目が2つ以上のときは，借方，貸方の順ではなく，まず勘定科目が1つのほうを記入する。そして，その貸借の反対側に諸口と書き，次行から2つ以上の勘定科目名を記入していく。1つの取引の仕訳は，2ページに渡って記入してはいけない。

　　また，前の取引の仕訳と次の取引の仕訳を区別するために，摘要欄に赤で区切り線を引く。

③ 元丁欄　仕訳した取引を総勘定元帳の勘定口座に移し変える際に（転記，後述），勘定口座の番号もしくは総勘定元帳のページ数を記入する。

④ 繰越　各ページの最終行には，摘要欄に「次ページへ」と記入し，当該ページの借方および貸方の小計を出す。最終行の借方欄と貸方欄の上に，赤線を引く。この線を合計線と言う。最終行の前に余白が生じたときは，合計線を摘要欄の3分の2までのばし，斜線を引く。

　　期末には，借方欄，貸方欄に合計線を引き，それぞれの合計額を計算する。そして，借方欄と貸方欄の合計額の下と，日付の下に赤の二重線を引いて締め切る。

仕　訳　帳　　　　　　　2

| 日　付 | 摘　　　　　要 | 元丁 | 借　方 | 貸　方 |
|---|---|---|---|---|
| | 前ページから | | 1,160,000 | 1,160,000 |
| 31 | （買　掛　金） | 7 | 20,000 | |
| | 　　　　　（現　　金） | 1 | | 20,000 |
| | 福岡商店の買掛金支払い | | | |
| | | | 1,330,000 | 1,330,000 |

　次に，仕訳に基づいて，総勘定元帳の各勘定口座への記入をします。これを**転記**と言います。また，**総勘定元帳**（general ledger）とは，全ての勘定口座が設けられている帳簿です。全ての取引が仕訳帳から総勘定元帳に転記されます。

　総勘定元帳の勘定口座には，標準式と残高式の2種類があります。標準式は，中央で分けられ，左右は同じ形式となっています。一方，残高式は，残高欄が設けられ，その勘定の残高が常に示されるようになっています。

## 設例 2 － 3

　4 月25日　商品¥15,000（仕入価額¥10,000）を売り渡し，代金は現金で受け取った。

［標準式］　　　　　　　　　　　現　　金　　　　　　　　　　　1

| 令和年 | | 摘　　要 | 仕丁 | 借　方 | 令和年 | | 摘　要 | 仕丁 | 貸　方 |
|---|---|---|---|---|---|---|---|---|---|
| 4 | 25 | 諸　　　口 | 1 | 15,000 | | | | | |

［残高式］　　　　　　　　　　　現　　金　　　　　　　　　　　1

| 令和年 | | 摘　　　要 | 仕丁 | 借　方 | 貸　方 | 借または貸 | 残　　高 |
|---|---|---|---|---|---|---|---|
| 4 | 25 | 諸　　　　　口 | 1 | 15,000 | | 借 | 15,000 |

① 日付欄　仕訳帳に記入された日付を記す。

② 摘要欄　仕訳の相手勘定科目を記入する。相手の勘定科目を記入することによって，取引内容を推定することができる。相手勘定科目が 2 つ以上あるときは，「諸口」と記す。この取引を仕訳すると，借方の勘定科目は現金，貸方の勘定科目は商品と商品売買益の 2 つであるため，総勘定元帳の現金勘定の摘要欄には，「諸口」と記す。また，総勘定元帳の商品勘定と商品売買益勘定の摘要欄には，それぞれ「現金」と記す。

③ 仕丁欄　その仕訳が記入されている仕訳帳のページ数を記入する。そして，仕訳帳の元丁欄には，勘定口座の番号もしくは総勘定元帳のページ数を記す。仕訳帳の元丁欄への記入があるときは，その仕訳が転記済みであることを示す。

④ 借方欄・貸方欄　借方欄には借方の勘定科目の金額を，貸方には貸方の勘定科目の金額を記入する。先の例では，現金勘定は，仕訳帳の借方に¥15,000とあるので，総勘定元帳の借方欄に¥15,000と記入する。ここに記入するのは，相手勘定科目の金額ではない。

⑤ 残高欄　残高式の総勘定元帳では，記入ごとに借方と貸方の差額である残高を求める。これにより，勘定の現在有高がいつも把握できる。借方の方が多いときは，「借または貸」の欄に「借」と記入し，貸方の方が多いときは，「貸」と記入する。

# 第2節　決算手続き

## 1．試算表と6桁精算表

　仕訳帳から総勘定元帳への転記が正しく行われたかどうかを確かめるために，**試算表**（Trial Balance；T/B）を作成します。**試算表**とは，総勘定元帳の全ての勘定の合計額または残高を1つの表にまとめたものであり，**合計試算表，残高試算表，合計残高試算表**の3種類があります。合計試算表の雛形は下記のようになっています。

合 計 試 算 表

令和○年4月30日

| 借　　　方 | 元丁 | 勘 定 科 目 | 貸　　　方 |
|---|---|---|---|
|  |  |  |  |

　合計試算表の借方欄と貸方欄には，総勘定元帳に記入された各勘定科目の借方欄および貸方欄それぞれの合計金額を記入します。勘定科目は，資産，負債，純資産（資本），収益，費用の順に記載されます。そして，最終行には，全ての勘定の借方の合計額，貸方の合計額を記入します。仕訳帳から総勘定元帳への転記が正確に行われているときは，常に貸借が平均しているため，この全ての勘定の借方の合計額と貸方の合計額は一致します。一致しないときは，これまでの過程の中でミスがあったことを示しています。しかし，仕訳が誤っていても貸借が平均しているときは，試算表でこのミスを発見することはできません。

　次に，残高試算表について説明します。残高試算表では，借方欄および貸方欄には，各勘定口座の残高を記入します。借方残高のときは借方欄に，貸方残高のときは貸方欄に記入します。そして，合計試算表と同様に，最後に各勘定科目の合計額を計算します。残高試算表においても，仕訳帳から総勘定元帳への転記が正確に行われているときは，全勘定の借方の合計額と貸方の合計額は一致します。

### 残 高 試 算 表
令和○年 4 月30日

| 借　　方 | 元丁 | 勘 定 科 目 | 貸　　方 |
|---|---|---|---|
| | | | |

　合計残高試算表は，合計試算表と残高試算表，両方で記入された情報が一つになったものです。まず，合計残高試算表の合計欄の借方と貸方に，各勘定の合計額を記入した後，全ての勘定の借方の合計額，貸方の合計額を記入します。次に，合計残高試算表の残高欄に，借方残高のときは借方に，貸方残高のときは貸方に，各勘定の残高を記入し，最後に全ての勘定の残高合計を計算します。

### 合計残高試算表
令和○年 4 月30日

| 借　　方 | | 元丁 | 勘 定 科 目 | 貸　　方 | |
|---|---|---|---|---|---|
| 残　　高 | 合　　計 | | | 合　　計 | 残　　高 |
| 260,000 | 600,000 | 1 | 現　　　　　金 | 340,000 | |
| 160,000 | 470,000 | 2 | 売　　掛　　金 | 310,000 | |
| | 300,000 | 3 | 買　　掛　　金 | 400,000 | 100,000 |
| | | 4 | 資　　本　　金 | 300,000 | 300,000 |
| | | 5 | 商 品 売 買 益 | 100,000 | 100,000 |
| 80,000 | 80,000 | 6 | 給　　　　　料 | | |
| 500,000 | 1,450,000 | | | 1,450,000 | 500,000 |

　次に，残高試算表から**精算表**（Working Sheet；W/S）を作成します。ここでは，6 桁精算表を取り上げます。6 桁精算表とは，残高試算表から損益計算書と貸借対照表を作成する手続きを 1 つにまとめた計算表です。

## 精　算　表

| 勘定科目 | 元丁 | 残高試算表 借方 | 残高試算表 貸方 | 損益計算書 借方 | 損益計算書 貸方 | 貸借対照表 借方 | 貸借対照表 貸方 |
|---|---|---|---|---|---|---|---|
| 現　　金 | 1 | 260,000 | | | | 260,000 | |
| 売　掛　金 | 2 | 160,000 | | | | 160,000 | |
| 買　掛　金 | 3 | | 100,000 | | | | 100,000 |
| 資　本　金 | 4 | | 300,000 | | | | 300,000 |
| 商品売買益 | 5 | | 100,000 | | 100,000 | | |
| 給　　料 | 6 | 80,000 | | 80,000 | | | |
| 当期純利益 | | | | 20,000 | | | 20,000 |
| | | 500,000 | 500,000 | 100,000 | 100,000 | 420,000 | 420,000 |

① 総勘定元帳の各勘定の残高を残高試算表欄に記入し，貸借を平均する。

② 残高試算表欄の勘定科目のなかから，資産，負債，純資産（資本）に属する勘定の金額を，貸借対照表欄に記入する（ここでは，現金と売掛金，買掛金，資本金）。

③ 残高試算表欄の勘定科目のなかから，収益，費用に属する勘定の金額を，損益計算書欄に記入する（ここでは，商品売買益と給料）。

④ 損益計算書欄の借方と貸方をそれぞれ合計する。借方と貸方の差額を，金額の少ない方に記入する。貸方の金額が多いときは，当期純利益であり，借方の合計額が多いときは当期純損失となる。このとき，勘定科目の「当期純利益（当期純損失）」と当期純利益（当期純損失）の金額は朱記する。

⑤ 貸借対照表欄の借方と貸方をそれぞれ合計する。借方と貸方の合計額を比較し，その差額を金額の少ない方に記入する。貸借対照表欄の金額は，黒記する。

## 2．決算と財務諸表の作成

　一会計期間の経営成績と期末の財政状態を明らかにするために，期末に総勘定元帳の各勘定口座の記録を整理します。このことを，総勘定元帳の締切りと言います。総勘定元帳の締切りは，収益・費用の勘定の締切りの後，資産・負債・純資産（資本）の勘定の締切りを行います。

（1）当期純利益を算定するために，新たに損益勘定を設けます。そして，収益および費用の全ての勘定を損益勘定に移します。収益に属する各勘定の残高は損益勘定の貸方に，費用に属する各勘定の残高は損益勘定の借方に記入します。損益勘定のように，複数の勘定の残高を集めた勘定を集合勘定と言います。

　　このように，ある勘定の金額を他の勘定に移すことを振替と言います。また，振替のための仕訳は，振替仕訳と言います。収益および費用の勘定の振替仕訳の例は，次の通りです。

- 収益項目の振替仕訳

　　（借）　商品売買益　100,000　　（貸）　損　　益　100,000

- 費用項目の振替仕訳

　　（借）　損　　益　80,000　　（貸）　給　　料　80,000

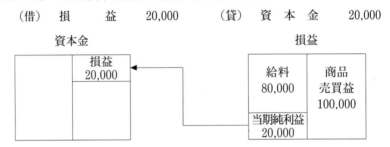

(2) 損益勘定の貸方と借方の差額は，当期純利益となります。当期純利益は，純資産（資本）の増加となるため，これを資本金勘定の貸方に振り替えます。

　　（借）　損　　益　20,000　　（貸）　資　本　金　20,000

(3) 上記で，収益と費用の各勘定は損益勘定に振り替えられたため，勘定口座の残高の貸借反対側に，相手勘定である「損益」と，残高と同じ金額を記入します。これにより，貸借が一致します。そこで，金額の下に二重線を引いて，勘定口座を締め切ります。

### 給　料

| 4/30 ○　　○ | 80,000 | 4/30 損　　益 | 80,000 |
|---|---|---|---|

### 商品売買益

| 4/30 損　　益 | 100,000 | 4/30 ○　　○ | 100,000 |
|---|---|---|---|

　損益勘定には，相手勘定である「資本金」と，金額を記入します。貸借が一致するため，金額の下に二重線を引いて，勘定口座を締め切ります。

### 損　　益

| 4/30 給　　料 | 80,000 | 4/30 商品売買益 | 100,000 |
|---|---|---|---|
| 〃　資　本　金 | 20,000 | | |
| | 100,000 | | 100,000 |

(4) 資産，負債の各勘定には，赤で残高と同じ金額とともに，摘要欄に「次期繰越」と記入します。これを**繰越記入**と言います。資本金勘定の貸方には，上記(2)で振り替えられた「損益」を黒で記入します。そして，赤で金額と，摘要欄の「次期繰越」を記入します。さらに，資産，負債，純資産（資本）の各勘定は，次期の最初の日付で，摘要欄に「前期繰越」と金額を黒で記入します。これは，**開始記入**と言います。

**現　　金**

| 4/30 ○　　　○ | 260,000 | 4/30 次期繰越 | 260,000 |
|---|---|---|---|
| 5/1 前期繰越 | 260,000 | | |

**売　掛　金**

| 4/30 ○　　　○ | 160,000 | 4/30 次期繰越 | 160,000 |
|---|---|---|---|
| 5/1 前期繰越 | 160,000 | | |

**買　掛　金**

| 4/30 次期繰越 | 100,000 | 4/30 ○　　　○ | 100,000 |
|---|---|---|---|
| | | 5/1 前期繰越 | 100,000 |

**資　本　金**

| 4/30 次期繰越 | 320,000 | 4/30 損　　益 | 320,000 |
|---|---|---|---|
| | | 5/1 前期繰越 | 320,000 |

　このように，総勘定元帳の上で勘定の締切りを行う方法を，**英米式決算法**と言います。これらは，仕訳を行わずに各勘定口座で締め切るので，締切りが正確に行われたかどうかを確認する必要があります。そこで，次に**繰越試算表**を作成します。繰越試算表とは，資産・負債・純資産（資本）の各勘定の次期への繰越額を集計したものです。

**繰 越 試 算 表**
令和○年 4 月30日

| 借　　方 | 元丁 | 勘 定 科 目 | 貸　　方 |
|---|---|---|---|
| 260,000 | 1 | 現　　　　金 | |
| 160,000 | 2 | 売　掛　金 | |
| | 3 | 買　掛　金 | 100,000 |
| | 4 | 資　本　金 | 320,000 |
| 420,000 | | | 420,000 |

最後に，損益計算書と貸借対照表を作成します。損益計算書は，主に損益勘定に基づいて作成します。損益勘定の摘要欄に記されている資本金は，仕訳時の相手勘定科目を表しているにすぎません。そのため，決算報告書である損益計算書では，ここを当期純利益と表示します。

### 損 益 計 算 書

佐賀商店　　　　令和○年4月1日から令和○年4月30日

| 費　用 | 金　額 | 収　益 | 金　額 |
|---|---|---|---|
| 給　料 | 80,000 | 商 品 売 買 益 | 100,000 |
| 当 期 純 利 益 | 20,000 | | |
| | 100,000 | | 100,000 |

　また，貸借対照表は，繰越試算表を基に作成します。繰越試算表の資本金は，期末の資本金を示しています。これは，期首の資本金と当期純利益の合計額です。当期純利益とは，株主による出資金を元手として，企業が経営活動を行った結果得た利益であり，これは株主に帰属する純資産（資本）の増加を意味します。すなわち，当期純利益は，当期における資本金の増加額となります。そこで，貸借対照表では，繰越試算表の資本金を資本金（期首資本）と当期純利益とに分けて表示します。

### 貸 借 対 照 表

佐賀商店　　　　令和○年4月30日

| 資　産 | 金　額 | 負債および純資産 | 金　額 |
|---|---|---|---|
| 現　金 | 260,000 | 買 掛 金 | 100,000 |
| 売 掛 金 | 160,000 | 資 本 金 | 300,000 |
| | | 当 期 純 利 益 | 20,000 |
| | 420,000 | | 420,000 |

**練習問題**

池袋商店（決算年1回，12月31日）は令和X3年4月中の取引にもとづいて，下記のとおり同月末における月次合計残高試算表を作成している。この表をもとに，（1）月次合計残高試算表を作成し，（2）①～⑤の各金額を答えなさい。

月 次 合 計 残 高 試 算 表

令和X3年4月30日

| 借方残高 | 借方合計 | 勘 定 科 目 | 貸方合計 | 貸方残高 |
|---|---|---|---|---|
| | 265,000 | 現 金 | 178,500 | |
| | 1,144,000 | 当 座 預 金 | 687,000 | |
| | 298,000 | 受 取 手 形 | 123,000 | |
| | 418,000 | 売 掛 金 | 165,000 | |
| | 410,000 | 繰 越 商 品 | | |
| | 320,000 | 備 品 | 80,000 | |
| | | 備品減価償却累計額 | 96,000 | |
| | 159,000 | 支 払 手 形 | 446,000 | |
| | 220,000 | 買 掛 金 | 322,000 | |
| | | 借 入 金 | 100,000 | |
| | | 資 本 金 | 1,000,000 | |
| | | 売 上 | 1,453,000 | |
| | | 受 取 利 息 | 1,000 | |
| | 1,085,000 | 仕 入 | | |
| | 168,000 | 給 料 | | |
| | 35,000 | 広 告 宣 伝 費 | | |
| | 85,000 | 支 払 家 賃 | | |
| | 42,000 | 通 信 費 | | |
| | 2,500 | 支 払 利 息 | | |
| | 4,651,500 | | 4,651,500 | |

① 4月中に売掛金を回収した額
② 4月末時点での備品の帳簿価額
③ 4月末時点での負債の総額
④ 4月中に発生した費用の総額
⑤ 4月中に発生した収益の総額

# 第3章　現金預金

　私たちの日常生活において現金は欠かせないものですが，企業にとっても同じで，現金が不足すると企業は経営上支障をきたします。したがって，企業活動を行っていくなかで，つねに現金がマイナスにならないように管理しなければならず，その現金管理活動の状況によって，その企業の経理体制ひいては財務体質の水準がわかるとも言われています。本章では，現金勘定や小口現金制度などについて述べ，企業にとって最も重要な現金預金の管理方法について説明します。

## 第1節　現　　　金

### 1．現金勘定

　簿記では，日々出入りする現金を処理し，手許にどれだけの資金があるかを明確にしなければなりません。ここで注意を要することは，簿記のなかで現金として認められるものは紙幣や硬貨だけでなく，容易に換金可能なもの，たとえば他人振出しの小切手や送金小切手，普通為替証書，株式配当金領収書，支払期限が到来した公社債の利札などの**通貨代用証券**も現金に含まれると言うことです。

- 他人振出小切手：小切手とは，振出人が自分の取引銀行に支払いを委託する証券のことである。そこで，自己（自社）が振り出した小切手を自己振出小切手と言い，第三者（他の企業）が振り出した小切手を他人振出小切手と言う。
- 送金小切手：小切手の一種で，送金人は金銭の送金にあたって，銀行から送金小切手の交付を受け，これを遠隔地の受取人に郵送し，受取人はこの小切手を支払銀行に呈示して支払いを受ける。この場合，送金小切手の振出人は，銀行等となる。
- 普通為替証書：郵便局の為替による送金の際に発行される証書のことである。受取人はこの証書と引き換えに郵便局で現金を受け取る。
- 株式配当金領収書：株主が配当金を受け取るための引換証のことである。株式配当金領収書を受け取った株主は，それを指定金融機関に持参すれば，現金と引き換えることができる。
- 支払期日が到来した公社債の利札：利札はクーポンとも呼ばれ，公債や社債の利子を受け取るための証券で，利子受取の期日が到来すれば現金として処理される。

　そしてこれらすべてを含め，**現金勘定**で処理します。ちなみに，現金勘定は資産に属する勘定なので，現金収入はこの勘定の借方に，現金支出は貸方に記入します。また，現金の残高はマイナスになることはないので，つねに**借方残高**となり，現金の手許有高を示します。

現　金

| 前期繰越高 | 現金の減少 |
| 現金の増加 | 現金の残高 |

（仕訳）

・現金の増加

（借）現　　　金　　×××　　　（貸）（該当する勘定）　　×××

・現金の減少

（借）（該当する勘定）　　×××　　　（貸）現　　　　　金　　×××


設例3－1

次の取引について仕訳しなさい。

4月25日　店舗の当月分家賃¥50,000を現金で支払った。

　　26日　当店が保有している株式について，株式配当金領収書¥2,000を受け取った。

　　4／25　（借）支 払 家 賃　　50,000　　（貸）現　　　金　　50,000

　　　26　（借）現　　　金　　2,000　　（貸）受取配当金　　2,000


## 2．現金出納帳

　**現金出納帳**は現金収支取引の記録を行う**補助簿**です。現金勘定に記入されるすべての取引に関して，いつ，どこから，どうして，どれだけの入金・出金があったかを，取引発生順に記録します。現金管理は日々行う必要のある重要な業務であることから，現金出納帳の作成は最も基本的な経理業務のひとつであると言えます。なお，実務上は，現金出納帳を**現金収入帳**と**現金支払帳**に分けることもあります。


設例3－2

　次の取引について仕訳し，現金勘定および現金出納帳に記入してそれらを締め切りなさい。なお，現金の前月繰越高は¥110,000である。

4月2日　事務用机¥70,000を現金で購入した。

　　7日　名古屋商店から売掛金¥350,000を現金で受け取った。

　　15日　神戸商店に対する買掛金¥300,000を現金で支払った。

　　25日　本月分の給料¥80,000を現金で支払った。

　　4／2　（借）備　　　品　　70,000　　（貸）現　　　金　　70,000

　　　7　（借）現　　　金　　350,000　　（貸）売 掛 金　　350,000

　　　15　（借）買 掛 金　　300,000　　（貸）現　　　金　　300,000

　　　25　（借）給　　　料　　80,000　　（貸）現　　　金　　80,000

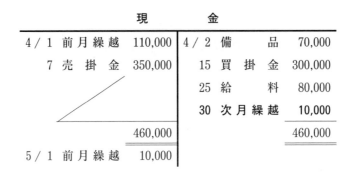

現　　金

| | | | | | | |
|---|---|---|---|---|---|---|
| 4 / 1 | 前 月 繰 越 | 110,000 | 4 / 2 | 備 品 | 70,000 |
| 7 | 売 掛 金 | 350,000 | 15 | 買 掛 金 | 300,000 |
| | | | 25 | 給 料 | 80,000 |
| | | | 30 | 次 月 繰 越 | 10,000 |
| | | 460,000 | | | 460,000 |
| 5 / 1 | 前 月 繰 越 | 10,000 | | | |

現 金 出 納 帳

| 令和〇年 | | 摘　　要 | 収　　入 | 支　　出 | 残　　高 |
|---|---|---|---|---|---|
| 4 | 1 | 前月繰越 | 110,000 | | 110,000 |
| | 2 | 事務用机の購入 | | 70,000 | 40,000 |
| | 7 | 名古屋商店の売掛金入金 | 350,000 | | 390,000 |
| | 15 | 神戸商店の買掛金支払い | | 300,000 | 90,000 |
| | 25 | 本月分給料の支払い | | 80,000 | 10,000 |
| | 30 | 次月繰越 | | 10,000 | |
| | | | 460,000 | 460,000 | |
| 5 | 1 | 前月繰越 | 10,000 | | 10,000 |

### 3．現金過不足勘定

　記帳誤りや記帳漏れなどによって，現金の**実際残高**と**帳簿残高**が一致しないということが起きた場合は，とりあえず**現金過不足勘定**を用いて，帳簿残高の金額を実際残高に合わせる必要があります。ここで注意すべきことは，現金過不足勘定によって，実際残高と帳簿残高が一致すれば，もう何もしなくてよいのではなく，これはあくまでも**一時的な処理**であるということです。後日，現金過不足の原因が判明されれば，現金の過不足額を適切な勘定に振り替えなければなりません。しかし，もし決算時になっても現金過不足の原因が判明されなかった場合は，その金額を**雑損勘定**（費用）あるいは**雑益勘定**（収益）に振り替えます。したがって，現金過不足勘定は一時的に不足額または過剰額を記入しておく仮の勘定ということになります。

　（1）　現金の実際残高が帳簿残高よりも少ない場合。（実際残高＜帳簿残高）

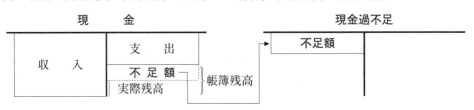

（仕訳）

① 現金の実際残高と帳簿残高の不一致が判明したとき，現金過不足勘定の借方に不足額を記入することによって，帳簿上の現金勘定を減らして実際残高に合わせる。

　　　　　　（借）現 金 過 不 足　×××　　（貸）現　　　　金　×××

② 決算日までに現金過不足の原因がわかったとき，現金過不足勘定から正しい勘定に振り替える。

　　　　　　（借）（該当する勘定）　×××　　（貸）現 金 過 不 足　×××

③ 決算日まで不一致の原因がわからなかったとき，雑損勘定を設けて処理する。

　　　　　　（借）雑　　　　損　×××　　（貸）現 金 過 不 足　×××

### 設例 3 − 3

次の取引について仕訳しなさい。

9 月21日　現金の実際残高を確認したところ，帳簿残高よりも¥5,000不足していた。

10月26日　その後の調査の結果，現金過不足勘定で処理していた不足の¥5,000のうち，¥4,000は交通費支払いの記帳漏れであることが判明した。

12月31日　決算日になっても，¥1,000については不足の原因が判明しなかった。

　　　　　9 /21　（借）現 金 過 不 足　　5,000　　（貸）現　　　　金　　5,000

　　　　　10/26　（借）交 　通 　費　　4,000　　（貸）現 金 過 不 足　　4,000

　　　　　12/31　（借）雑　　　　損　　1,000　　（貸）現 金 過 不 足　　1,000

(2) 現金の実際残高が帳簿残高より多い場合。(実際残高＞帳簿残高)

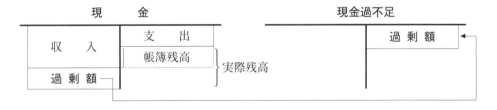

（仕訳）

① 現金の実際残高と帳簿残高の不一致が判明したとき，現金過不足勘定の貸方に過剰額を記入することによって，帳簿上の現金勘定を増やして実際残高に合わせる。

　　　　　　（借）現　　　　金　×××　　（貸）現 金 過 不 足　×××

② 決算日までに現金過不足の原因がわかったとき，現金過不足勘定から正しい勘定に振り替える。

　　　　　　（借）現 金 過 不 足　×××　　（貸）（該当する勘定）　×××

③ 決算日までに不一致の原因がわからなかったとき，雑益勘定を設けて処理する。

　　　　　　（借）現 金 過 不 足　×××　　（貸）雑　　　　益　×××

設例 3 − 4

次の取引について仕訳しなさい。

10月21日　現金の実際残高を確認したところ，帳簿残高よりも¥5,000多かった。

11月10日　その後の調査の結果，受取手数料¥4,000の記帳漏れであることが判明した。

12月31日　決算日になっても，¥1,000については過剰の原因が判明しなかった。

| | | | | | | | |
|---|---|---|---|---|---|---|---|
| 10/21 | （借）現　　金 | 5,000 | （貸）現金過不足 | 5,000 |
| 11/10 | （借）現金過不足 | 4,000 | （貸）受取手数料 | 4,000 |
| 12/31 | （借）現金過不足 | 1,000 | （貸）雑　　益 | 1,000 |

# 第2節　預　　金

## 1．当座預金勘定

　**預金**とは，銀行などの金融機関に預け入れている現金のことで，銀行では普通預金のほかに，定期預金，貯蓄預金，当座預金などがあり，ゆうちょ銀行では通常貯金，定期貯金など，様々な種類の預貯金があります。それらの預金は，それぞれの名称のついた勘定を設けて処理し，必要に応じて，補助簿を設けて明細を記録します。また，**当座預金以外の預貯金をまとめて銀行預金勘定**（または**諸預金勘定**）で処理することもあります。

　では，なぜ当座預金はほかの預貯金と違う処理方法がとられるのでしょうか。それは，当座預金は企業が取引銀行との間で締結した当座取引契約に基づいて預け入れておく無利息の預金で，あくまでも企業による小切手や手形の支払いを目的としたものだからです。

　企業にとって，現金の移動は紛失や盗難などの危険を伴う恐れがあるため，通常は小切手を用います。しかし，この小切手を振り出すには，銀行などの金融機関との間に当座取引契約を結ばなくてはなりません。当座預金口座を開設する際は，金融機関の審査があり，それに通過すれば，銀行から小切手帳の交付を受け，当座預金残高の範囲内で小切手を振り出すことが出来ます。ちなみに，小切手の様式を示すと，次のようになります。

なお，取引先に小切手を渡すことを**小切手を振り出す**と言い，この小切手を振り出した側を**振出人**，小切手を受け取った側を**受取人**と言います。小切手を振り出す際は，振出人は小切手に必要事項を記入して，現金の代わりに受取人に引き渡します。受取人は，その小切手と引き替えに直接その銀行から，または自己の取引銀行を通じて，小切手に記載された金額を受け取る（現金の増加）か，自分の預金口座に預け入れます（当座預金の増加）。また，自社が現金を引き出したいときにも，小切手を振り出す必要があります。

**当座預金勘定**は資産勘定ですから，当座預金に預け入れたときは当座預金勘定の借方に，小切手を振り出したときは当座預金勘定の貸方に記入することになります。

<table>
<tr><td colspan="2" align="center">当 座 預 金</td></tr>
<tr><td align="center">前期繰越高</td><td align="center">引 出 高<br>（小切手振出高など）</td></tr>
<tr><td align="center">預 入 高</td><td align="center">残 高</td></tr>
</table>

設例 3 - 5

次の取引について仕訳しなさい。ただし，預貯金の種類ごとに勘定を設けること。

4月1日　広島銀行と当座取引契約を結び，現金￥1,000,000を預け入れた。

　　5日　取引銀行に現金￥300,000を普通預金として預け入れた。

　　11日　定期預金￥500,000が満期となり，利息￥2,000とともに現金で受け取った。

　　16日　小切手を振り出して，山口商店に対する買掛金￥350,000を支払った。

　　23日　鳥取商店の売掛金￥480,000を同店振出しの小切手で受け取った。

　　27日　島根商店の売掛金￥280,000を同店振出しの小切手で受け取り，ただちに当座預金に預け入れた。

| 4／1 | （借）当座預金 | 1,000,000 | （貸）現　　金 | 1,000,000 |
|---|---|---|---|---|
| 5 | （借）普通預金 | 300,000 | （貸）現　　金 | 300,000 |
| 11 | （借）現　　金 | 502,000 | （貸）定期預金 | 500,000 |
| | | | 受取利息 | 2,000 |
| 16 | （借）買 掛 金 | 350,000 | （貸）当座預金 | 350,000 |
| 23 | （借）現　　金 | 480,000 | （貸）売 掛 金 | 480,000 |
| 27 | （借）当座預金 | 280,000 | （貸）売 掛 金 | 280,000 |

## 2．当座借越勘定と当座勘定

一般に，小切手を振り出しても，金融機関は当座預金の残高を超える支払いをしません。ただし，あらかじめ預金残高を超える一定限度額（**借越限度額**）までの支払いを金融機関と契約（**当座借越契約**）しておくと，預金残高を超える支払い請求があった場合でも，金融機関が不足分を貸し付け，

小切手の振出しおよび決済ができます。この預金残高を超えて引き出すことを**当座借越**と言い，当座借越は金融機関に不足分を借り入れたことを意味し，債務の発生つまり負債を抱えたことになります。当座借越の処理には，**当座借越勘定**を設けて，この勘定と**当座預金勘定**を用いる方法（**二勘定制**）と**当座勘定**だけを用いる方法（**一勘定制**）があります。

## （1）二勘定制

　当座借越が生じたときは，当座預金勘定（資産）を減らす仕訳と当座借越勘定（負債）を増加させる仕訳を同時に行います。つまり，預金残高までの金額を当座預金勘定の貸方に，預金残高を超える額は当座借越勘定の貸方に記入することになります。その後，当座預金を預け入れたときは，借越額がなくなるまで当座借越勘定の借方に記入し，借越額を超える額を当座預金勘定の借方に記入します。

　当座借越契約を結んでいる場合，預金残高を超えて小切手を振り出したとき，その超過額は銀行からの一時的な借り入れを意味し，当座借越勘定(負債)の貸方に記入します。

　　　（借）（該当する勘定）　×××　　（貸）当　座　預　金　×××
　　　　　　　　　　　　　　　　　　　　　　当　座　借　越　×××

　当座借越がされている場合に現金などを預け入れたときは，まず当座借越が返済されたとして当座借越勘定の借方に記入し，それでも残額がある場合には，当座預金の増加の記帳が行われます。

　　　（借）当　座　借　越　×××　　（貸）（該当する勘定）　×××
　　　　　　当　座　預　金　×××

## （2）一勘定制

　当座預金残高や当座借越残高の有無にかかわらず，小切手の振出額はすべて当座勘定の貸方に記入し，当座預金への預入額はすべて当座勘定の借方に記入します。この記帳によって，当座勘定の残高が貸方に生じれば，その残高は当座借越残高（負債）を意味し，借方に生じれば当座預金残高（資産）を意味することになります。なお，当座勘定は，資産と負債の両面を持っていることから，**混合勘定**と呼ばれています。

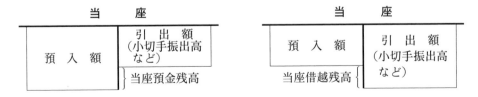

設例3－6

　次の取引について，二勘定制と一勘定制でそれぞれの仕訳をしなさい。なお，当座預金残高は￥140,000であり，当座借越限度額￥500,000の当座借越契約が結ばれている。

　5月10日　小切手を振り出して，岡山商店に対する買掛金￥400,000を支払った。

　　26日　現金￥320,000を当座預金に預け入れた。

　二勘定制で処理する場合

|  |  | （借）買　掛　金 | 400,000 | （貸）当 座 預 金 | 140,000 |
|---|---|---|---|---|---|
| 5／10 |  |  |  | 当 座 借 越 | 260,000 |
|  | 26 | （借）当 座 借 越 | 260,000 | （貸）現　　金 | 320,000 |
|  |  | 当 座 預 金 | 60,000 |  |  |

　一勘定制で処理する場合

|  |  | （借）買　掛　金 | 400,000 | （貸）当　　座 | 400,000 |
|---|---|---|---|---|---|
| 5／10 |  |  |  |  |  |
|  | 26 | （借）当　　座 | 320,000 | （貸）現　　金 | 320,000 |

## 3．当座預金出納帳

　当座預金についても現金と同様の理由から，補助簿として**当座預金出納帳**を設け，当座預金に記入されるすべての取引に関して，その内訳明細を発生順に記録します。なお，当座預金出納帳は，ひとつの金融機関とのやりとりを記録するもので，複数の銀行と当座取引を行っている場合は，当座預金ごとに当座預金出納帳を作成しなければなりません。

設例3－7

　次の取引について仕訳し，当座預金勘定および当座預金出納帳に記入して，それらを締め切りなさい。

　4月1日　広島銀行広島支店と当座取引契約を結び，現金￥100,000を当座預金に預け入れた。

　　6日　仕入先の大阪商店に対して，買掛金の一部￥60,000を，小切手（#1）を振り出して支払った。

　　10日　神戸商事から売掛金￥50,000を同店振出しの小切手で受け取り，ただちに当座預金に預け入れた。

　　20日　取引を仲介し，手数料￥60,000を当店振出しの小切手（#1）で受け取った。

　　25日　本月分の給料￥80,000を，小切手（#2）を振り出して支払った。

| 4／1 | （借）当 座 預 金 | 100,000 | （貸）現　　金 | 100,000 |
|---|---|---|---|---|
| 6 | （借）買　掛　金 | 60,000 | （貸）当 座 預 金 | 60,000 |
| 10 | （借）当 座 預 金 | 50,000 | （貸）売 掛 金 | 50,000 |
| 20 | （借）当 座 預 金 | 60,000 | （貸）受取手数料 | 60,000 |
| 25 | （借）給　　料 | 80,000 | （貸）当 座 預 金 | 80,000 |

## 当座預金

| | | | | | | |
|---|---|---|---|---|---|---|
| 4/1 | 現　　金 | 100,000 | 4/6 | 買　掛　金 | 60,000 |
| 10 | 売　掛　金 | 50,000 | 25 | 給　　料 | 80,000 |
| 20 | 受取手数料 | 60,000 | 30 | 次 月 繰 越 | 70,000 |
| | | 210,000 | | | 210,000 |
| 5/1 | 前 月 繰 越 | 70,000 | | | |

## 当座預金出納帳

| 令和○年 | | 摘　　　　要 | 預　入 | 引　出 | 借または貸 | 残　高 |
|---|---|---|---|---|---|---|
| 4 | 1 | 現金入金して口座開設 | 100,000 | | 借 | 100,000 |
| | 6 | 大阪商店に買掛金支払，小切手＃1 | | 60,000 | 〃 | 40,000 |
| | 10 | 神戸商事から売掛金回収 | 50,000 | | 〃 | 90,000 |
| | 20 | 手数料の受取り（当店振出の小切手＃1） | 60,000 | | 〃 | 150,000 |
| | 25 | 本月分給料の支払い，小切手＃2 | | 80,000 | 〃 | 70,000 |
| | 30 | 次月繰越 | | 70,000 | | |
| | | | 210,000 | 210,000 | | |
| 5 | 1 | 前月繰越 | 70,000 | | 借 | 70,000 |

## 第3節　小口現金

### 1．小口現金と定額資金前渡法

　通常，企業は小切手により商取引の決済を行いますが，日常的な少額の現金支払いに備えて，ある程度の現金を手許に置いておく必要があります。そこで，**会計係**（経理課）はある程度の金額を見積もり，**小口現金係**（用度係や庶務係，小払係などを用いる場合もある）などにあらかじめ前渡しをしておく方法がとられます。この前渡しの現金を**小口現金**（ペティ・キャッシュ）と言い，その受入れと支払いを処理するために**小口現金勘定**が設けられます。小口現金係に小口現金を渡したときは小口現金勘定の借方に，小口現金係から支払い内容の報告があったときは貸方に記入します。

　小口現金の補給方法には，必要に応じて資金を補給する**随時補給制度**と，資金を前渡しする**定額資金前渡法**（インプレスト・システム）があり，小口現金管理では後者がとられます。なぜなら，この方法ではつねに一定額の小口現金残高が維持されるので，資金管理上有効だからです。インプレスト・システムは，①会計係が1週間または1ヶ月という一定期間に支出されるであろう金額を基準に，あらかじめ定めた金額が記載された小切手を小口現金係に前渡ししておきます。②小口現金係はこの小口現金から交通費，通信費，消耗品費，雑費などの小口の支払いをし，その支払った内容を**小口現金出納帳**に記帳します。③1週間後または1ヶ月後の一定日に，会計係に支払明細を報

告します。そして，④会計係は，その報告の支払額と同額の小切手を小口現金係に対して振り出して補給します。これにより，一定期間の初めにはつねに一定の金額が保有されることになります。

### 定 額 資 金 前 渡 法

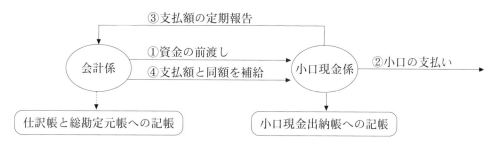

　なお，小口現金係への資金補給にあたっては，一定期間（たとえば1ヶ月）の最後に行う方法と，次の期間の最初に行う方法があります。仮にこの期間が1ヶ月とする場合は，前者は**月末補給制**，後者は**月初補給制**と呼ばれます。

①　資金の前渡し

　　　　（借）小　口　現　金　×××　　　（貸）当　座　預　金　×××

②　小口の支払い

小口現金係は小口現金出納帳に記帳しますが，会計係はこの時点では小口現金の詳細な動きを知らないため，仕訳しません。

③　支払額の定期報告

　　　　（借）通　　信　　費　×××　　　（貸）小　口　現　金　×××
　　　　　　　交　　通　　費　×××
　　　　　　　　　　　　：

④支払額と同額を補給

　　　　（借）小　口　現　金　×××　　　（貸）当　座　預　金　×××

　なお，上記③と④の仕訳において，③の減少する小口現金勘定の金額と④の増加する小口現金勘定の金額が同額になることから，小口現金勘定への記入を省略して，次のようにまとめて仕訳することもできます。

　　　　（借）通　信　費　　×××　　　（貸）当　座　預　金　　×××
　　　　　　　交　通　費　　×××
　　　　　　　　　　：

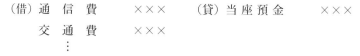

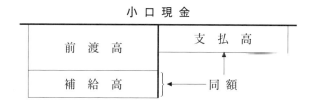

設例 3 − 8

次の取引について仕訳し，小口現金勘定に記入しなさい。

4月1日　定額資金前渡法により，今月分の小口現金として小切手￥30,000を振り出し，小口現
　　　　金係に前渡しした。

　30日　小口現金係から1ヶ月の支払報告（光熱費￥6,000，通信費￥7,600，交通費￥4,800，
　　　　雑費￥4,500）を受けた。

　30日　上記報告と同額の小切手を振り出して，小口現金を補給した。

| 4／1 | （借）小口現金 | 30,000 | （貸）当座預金 | 30,000 |
|---|---|---|---|---|
| 30 | （借）光 熱 費 | 6,000 | （貸）小口現金 | 22,900 |
| | 通 信 費 | 7,600 | | |
| | 交 通 費 | 4,800 | | |
| | 雑 　 費 | 4,500 | | |
| 30 | （借）小口現金 | 22,900 | （貸）当座預金 | 22,900 |

小 口 現 金

| 4／1 | 当座預金 | 30,000 | 4／30 | 諸　口 | 22,900 |
|---|---|---|---|---|---|
| 30 | 当座預金 | 22,900 | | | |

※4月30日の仕訳は，支払額の定期報告と支払額の同額補給が同じ日に行われているので，
通常，二つの仕訳をまとめて，次のように仕訳します。

| 4／30 | （借）光 熱 費 | 6,000 | （貸）当座預金 | 22,900 |
|---|---|---|---|---|
| | 通 信 費 | 7,600 | | |
| | 交 通 費 | 4,800 | | |
| | 雑 　 費 | 4,500 | | |

小 口 現 金

| 4／1 | 当座預金 | 30,000 | | |
|---|---|---|---|---|

## ２．小口現金出納帳

小口現金出納帳とは，小口現金収支の明細を取引発生順に記録するための補助簿です。小口現金係は，収支のつど小口現金出納帳に記入し，一定期間ごとに集計して，会計係へ報告するとともに補給を受けます。

### 設例３－９

次の取引を小口現金出納帳に記帳し，週末における締切りと資金の補給に関する記入をしなさい。なお，定額資金前渡法がとられており，小口現金係は毎週金曜日の営業時間終了後にその週の支払いを報告し，同日に資金の補給を受けている。

| 4月4日（月） | は が き 代 | ￥4,600 | 4月5日（火） | タクシー代 | ￥2,200 |
|---|---|---|---|---|---|
| 6日（水） | お 茶 代 | ￥4,000 | 7日（木） | 新 聞 代 | ￥3,800 |
| 8日（金） | 文 房 具 代 | ￥1,500 | | | |

### 小口現金出納帳

| 収　入 | 令和○年 | | 摘　　要 | 支　出 | 内　　　　訳 | | | | 残　高 |
|---|---|---|---|---|---|---|---|---|---|
| | | | | | 通信費 | 交通費 | 消耗品費 | 雑　　費 | |
| 20,000 | 4 | 4 | 前 週 繰 越 | | | | | | 20,000 |
| | 〃 | | は が き 代 | 4,600 | 4,600 | | | | 15,400 |
| | | 5 | タ ク シ ー 代 | 2,200 | | 2,200 | | | 13,200 |
| | | 6 | お 茶 代 | 4,000 | | | | 4,000 | 9,200 |
| | | 7 | 新 聞 代 | 3,800 | | | | 3,800 | 5,400 |
| | | 8 | 文 房 具 代 | 1,500 | | | 1,500 | | 3,900 |
| | | | 合 計 | 16,100 | 4,600 | 2,200 | 1,500 | 7,800 | |
| 16,100 | 〃 | | 本 日 補 給 | | | | | | |
| | 〃 | | **次 週 繰 越** | **20,000** | | | | | |
| 36,100 | | | | 36,100 | | | | | |
| 20,000 | 4 | 11 | 前 週 繰 越 | | | | | | 20,000 |

※週末補給ではなく，翌週初め補給の場合は，次のように締め切られます。

| | | | 合 計 | 16,100 | 4,600 | 2,200 | 1,500 | 7,800 | |
|---|---|---|---|---|---|---|---|---|---|
| | 〃 | | **次 週 繰 越** | **3,900** | | | | | |
| 20,000 | | | | 20,000 | | | | | |
| 3,900 | 4 | 11 | 前 週 繰 越 | | | | | | 3,900 |
| 16,100 | 〃 | | 本 日 補 給 | | | | | | 20,000 |

## 第4節　銀行勘定調整表

　これまで説明した当座預金勘定を用いた様々な処理方法について，企業側の当座預金勘定の残高と銀行側の当座預金口座の残高が一致するという前提で話しを進めてきました。しかしながら実際には，企業帳簿の**当座預金勘定残高**と銀行の**残高証明書残高**が一致しないこともしばしばであることから，その不一致の原因を究明し，訂正する必要があります。この際，企業側と銀行側との記録を照合し，正しい処理を行っていく調整過程を明らかにするために**銀行勘定調整表**が作成されます。

　そしてこの不一致の原因としては，以下のものがあげられます。

① 記帳することを忘れていたり（**未記帳**），当座取引があったにもかかわらず，その連絡が銀行から企業に届いていない。（**連絡未達**）

② 企業の記帳した金額が間違っていた。（**誤記入**）

③ 小切手を振り出し，そのことを記帳したが，取引先などにまだ小切手を渡していない。（**未渡小切手**）

④ 取引先などが振り出した小切手を銀行に預け入れ，代金の取り立てを依頼したが，銀行はまだ取り立てていない。（**未取立小切手**）

⑤ 取引先などに振り出した小切手を，その取引先が銀行に持ち込んでいないため，まだ決済されていない。（**未取付小切手**）

⑥ 銀行の営業時間終了後の入金であった。（**時間外預入**）

　銀行勘定調整表を作成するのは，これらの事象が起こった場合ですが，作成の前に**修正仕訳**をしなれればなりません。それでは，上記の①〜⑥の仕訳の仕方について，例をあげてみてみましょう。

① ただ記帳していないだけなので，通常どおり仕訳し，記帳する。

② 水道代￥5,000を支払ったにもかかわらず，誤って￥4,500と記帳してしまった。このような場合は，ⓐ誤った仕訳と逆の仕訳をした後，ⓑ正しい仕訳をする。この二つの仕訳からⓒ修正仕訳を導き出す。

　ⓐ（借）当 座 預 金　　　4,500　　　（貸）水道光熱費　　　4,500
　ⓑ（借）水道光熱費　　　5,000　　　（貸）当 座 預 金　　　5,000

⇩

　ⓒ（借）水道光熱費　　　　500　　　（貸）当 座 預 金　　　　500

③ ②ⓐのように誤った仕訳と逆の仕訳をする。ここで注意しなければならないことは，買掛金などの負債の支払いのために振り出した小切手が未渡しの場合は逆仕訳で処理されるが，費用の支払いのために振り出した小切手が未渡しの場合には，**未払金勘定**で処理するということである。

　なお，④〜⑥ は時間差での不一致なので，修正仕訳の必要なし。

　以上のように，企業の当座預金勘定残高と銀行の残高証明書残高の不一致の原因が判明し，修正仕訳を行うことで，企業側の未処理事項や誤記入を修正することができました。しかし，これで両

残高の不一致が完全に解消されたとは言えません。なぜなら，④，⑤および⑥は時間の経過とともに解消されるものですが，その前に決算日が迫った場合があるからです。ここでいよいよ銀行勘定調整表の出番です。そしてこの銀行勘定調整表の作成方法としては次の三つがあげられます。

① 両者区分調整法

　修正仕訳が必要なものは企業の当座預金勘定残高に加減し，修正仕訳が必要のないものは銀行の残高証明書残高に加減することによって，両者の残高を一致させる。

② 企業残高基準法

　企業の当座預金勘定残高を不一致の原因に基づいて加減算し，銀行の残高証明書の残高に一致させる。

③ 銀行残高基準法

　銀行の残高証明書残高を不一致の原因に基づいて加減算し，企業の当座預金勘定残高に一致させる。

設例 3 － 10

　企業の当座預金勘定残高は¥325,000，銀行の残高証明書残高は¥337,500であったため，不一致の原因を調べたところ，次のことが判明した。

　a．水道代¥5,000を支払ったが，誤って¥500と記帳してしまった。

　b．得意先の名古屋商店から売掛金¥30,000が当座預金に振り込まれていたが，その旨が通知されていなかったため，未記入であった。

　c．広告宣伝費¥20,000を支払うために小切手を振り出したが，未渡しであった。

　d．仕入先の東京商店に渡していた小切手¥13,000がまだ引き落とされていなかった。

　e．夜間金庫に預け入れた現金¥46,000が，銀行では翌日の入金となっていた。

　企業において必要な修正仕訳を示し，銀行勘定調整表を作成しなさい。

＜修正仕訳＞

| | | | | | |
|---|---|---|---|---|---|
| a．（借）水道光熱費 | 4,500 | （貸）当 座 預 金 | 4,500 |
| b．（借）当 座 預 金 | 30,000 | （貸）売 　 掛 　 金 | 30,000 |
| c．（借）当 座 預 金 | 20,000 | （貸）未 　 払 　 金 | 20,000 |
| d． | 修正仕訳なし | | |
| e． | 修正仕訳なし | | |

(1) 両者区分調整法で銀行勘定調整表を作成

### 銀行勘定調整表

（単位：円）

| 当座預金勘定残高 | | 325,000 | 銀行残高証明書残高 | 337,500 |
|---|---|---|---|---|
| （加算） | | | （加算） | |
| 売掛金回収 | 30,000 | | 翌日付預入 | 46,000 |
| 未渡小切手 | 20,000 | 50,000 | | |
| （減算） | | | （減算） | |
| 誤記入 | | 4,500 | 未取付小切手 | 13,000 |
| 調整残高 | | 370,500 | 調整残高 | 370,500 |

－ 33 －

(2) 企業残高基準法で銀行勘定調整表を作成

## 銀行勘定調整表 （単位：円）

| | | |
|---|---:|---:|
| 当座預金勘定残高 | | 325,000 |
| （加算） | | |
| 売掛金回収 | 30,000 | |
| 未渡小切手 | 20,000 | |
| 未取付小切手 | 13,000 | 63,000 |
| | | 388,000 |
| （減算） | | |
| 誤記入 | 4,500 | |
| 翌日付預入 | 46,000 | 50,500 |
| 銀行残高証明書残高 | | 337,500 |

(3) 銀行残高基準法で銀行勘定調整表を作成

## 銀行勘定調整表 （単位：円）

| | | |
|---|---:|---:|
| 銀行残高証明書残高 | | 337,500 |
| （加算） | | |
| 翌日付預入 | 46,000 | |
| 誤記入 | 4,500 | 50,500 |
| | | 388,000 |
| （減算） | | |
| 未取付小切手 | 13,000 | |
| 売掛金回収 | 30,000 | |
| 未渡小切手 | 20,000 | 63,000 |
| 当座預金勘定残高 | | 325,000 |

**練習問題**

1．次の取引について仕訳しなさい。

(1) 鳥取商店から売掛金の回収として，送金小切手¥250,000を受け取った。

(2) 島根商店に対する買掛金¥200,000のうち，¥50,000は以前受け取っていた岡山商店が振り出した小切手¥50,000で支払い，残額は小切手を振り出して支払った。

(3) 山口商店に対する買掛金¥160,000を，小切手を振り出して支払った。なお，当座預金勘定の残高は¥90,000であり，銀行とは借越限度額¥300,000の当座借越契約を結んでいる。ただし，二勘定制により仕訳すること。

(4) 現金の実際残高が帳簿残高より¥80,000多かったので，かねて現金過不足勘定で処理していたが，その後原因を調査したところ，受取手数料¥50,000と交通費¥10,000の記帳漏れであることが判明した。なお，残額については，その原因がわからなかった。

(5) 決算日現在，買掛金¥260,000と手数料¥100,000の支払いのために振り出した小切手が，相手先に未渡しであることが判明した。なお，会計上，支払済として処理されている。

(6) 月末において，小口現金係より交通費¥7,000，通信費¥4,000，文房具代¥5,500を支払った報告を受け，ただちに同額の小切手を振り出して補給した。なお，当店は以前から定額資金前渡制度を採用している。

仕　訳

|  | 借　方　科　目 | 金　　額 | 貸　方　科　目 | 金　　額 |
|---|---|---|---|---|
| (1) |  |  |  |  |
| (2) |  |  |  |  |
| (3) |  |  |  |  |
| (4) |  |  |  |  |
| (5) |  |  |  |  |
| (6) |  |  |  |  |

2．当店の決算日現在の当座預金勘定の残高は¥550,000であり，同日付けの銀行残高証明書の残高は¥548,000であった。両者の不一致の原因を調べたところ，以下のことが判明した。よって，期末修正仕訳を示したうえで，銀行勘定調整表を作成しなさい。ただし，仕訳が不要の場合には「仕訳なし」と記入すること。

(1) 売掛金の回収として小切手¥150,000を受け取り，ただちに当座預金に預け入れたが，銀

行では翌日付で入金の記帳をした。

(2) 仕入先に対する買掛金の支払いとして振り出した小切手¥120,000が，まだ取り付けられていなかった。

(3) 得意先から売掛代金¥300,000が当座預金口座に振り込まれていたが，その通知が当社に未達であった。

(4) 保険料の支払いで振り出した小切手¥43,000が，支払先に渡されていなかった。

(5) 通信費¥35,000が当座預金口座から引き落とされていたが，当店では未記入であった。

(6) 得意先から振り出され，銀行に預け入れた小切手¥100,000が，まだ取り立てられていなかった。

(7) 口座振替で広告宣伝費¥420,000が支払われたとき，当店では¥240,000と間違って記帳していた。

修正仕訳

| | 借 方 科 目 | 金 額 | 貸 方 科 目 | 金 額 |
|---|---|---|---|---|
| (1) | | | | |
| (2) | | | | |
| (3) | | | | |
| (4) | | | | |
| (5) | | | | |
| (6) | | | | |
| (7) | | | | |

## 銀 行 勘 定 調 整 表　　　　　（単位：円）

| 当座預金勘定残高 （　　　） | | | 銀行残高証明書残高 | （　　　） | |
|---|---|---|---|---|---|
| 加算： | | | 加算： | | |
| （　　　） | （　　　） | | （　　　） | （　　　） | |
| （　　　） | （　　　） | （　　　） | （　　　） | （　　　） | （　　　） |
| 減算： | | | 減算： | | |
| （　　　） | （　　　） | | （　　　） | | （　　　） |
| （　　　） | （　　　） | （　　　） | | | |
| 調整残高 | | （　　　） | 調整残高 | | （　　　） |

# 第4章　商品売買

　商品とは，商業企業が主たる営業のため，すなわち外部への販売のために所有する物品を言います。企業が商品を購入することを仕入れと言い，購入したときの金額を原価（仕入原価）と言います。一方，企業が商品を販売することを売り上げと言い，販売したときの金額を売価と言います。そして商品の売価と原価との差額を商品の販売益（売買益）と言います。ここでは，商業企業にとって最も重要な取引である商品売買取引の記帳方法と帳簿書類について説明します。

## 第1節　記帳方法

　商品売買取引の記帳方法には，分記法，総記法，三分法など様々な方法が用いられます。ここでは主に分記法と三分法について説明します。

### 1．分記法
　分記法を用いる場合，まず商品を仕入れたときには，商品（資産勘定）を増加させる仕訳（借方記入）をします。

**設例4－1**
　札幌商店は小樽商店から商品￥10,000（200個，＠￥50）を仕入れ，代金は現金で支払った。
　　　　　　（借）商　　　品　　10,000　　　（貸）現　　　金　　10,000

　次に商品を売り上げたときには，販売した商品を，原価と売買益（売価と原価の差額）とに分解し，前者は商品（資産勘定）を減少させる仕訳（貸方記入）をし，後者は商品売買益（収益勘定）を発生させる仕訳（貸方記入）をします。

**設例4－2**
　札幌商店は北海道商店に商品を￥16,000（200個，＠￥80）で販売し，代金は現金で受け取った。なお，商品の原価は￥10,000である。
　　　　　　（借）現　　　金　　16,000　　（貸）商　　　品　　10,000
　　　　　　　　　　　　　　　　　　　　　　　　商品売買益　　6,000

　このように商品売買取引の記帳方法に分記法を用いた場合，商品勘定の借方と貸方には，原価が記入されるため，商品勘定からは，手持商品の現在有高をつねに把握することが可能となります。

また，販売のつどその売買益が計上されるため，商品売買益勘定からは，そのときまでに生じた売買益をつねに把握することが可能となります。

　しかしながら商業企業で行われる商品売買では，同種商品を多数回かつ多量に購入し，更に取引先・取引日・取引方法などによって原価が異なるのが通常です。このような場合，販売のつど売買益を把握するためには，多くの労力と経費を要することとなり，分記法による記帳処理を断念せざるを得ないことがあります。また，分記法では，売上高が総額で示されないことも欠点です。

## ２．三分法

　三分法は，分記法で用いた商品勘定を，仕入勘定，売上勘定，繰越商品勘定の三つの勘定に分割する記帳方法です。

　まず商品を仕入れたときには，仕入（費用勘定）を増加させる仕訳（借方記入）をします。

### 設例4－3

　札幌商店は小樽商店から商品¥10,000（200個，@¥50）を仕入れ，代金は現金で支払った。

　　　　　（借）仕　　　　入　　　10,000　　　　（貸）現　　　　　金　　　10,000

　次に商品を売り上げたときには，売上（収益勘定）を増加させる仕訳（貸方記入）をします。

### 設例4－4

　札幌商店は北海道商店に商品を¥16,000（200個，@¥80）で販売し，代金は現金で受け取った。

　　　　　（借）現　　　　　金　　　16,000　　　　（貸）売　　　　上　　　16,000

　このように商品売買取引の記帳方法に三分法を用いた場合，仕入勘定からは商品の仕入原価を，売上勘定からは当期の販売高を把握することが可能となります。売買益については，分記法では販売のつど把握する必要があるのに対して，三分法では期末に一括して把握することとなります。ここで留意すべき点は，前期と当期の手持商品の扱いです。

　通常，商業企業では期末時点で販売しきれない商品（在庫）が生じます。こうした状況下では，売買益を計算するにあたり，売上（収益）から差し引く仕入（費用）の中に，販売していない商品の仕入原価（費用）までをも含めてしまっては，当期の売買益を正しく計算することはできません。そのため三分法では，期末（決算日）に，当期に販売しきれていない商品の把握（実地棚卸し）をし，その仕入原価（期末商品棚卸高）について，仕入（費用勘定）を消滅させる仕訳（貸方記入）をします。そして手持商品（在庫）について，繰越商品（資産勘定）を増加させる振替仕訳（借方記入）をします。

設例4－5 （決算整理仕訳）

決算につき，期末商品棚卸高は¥2,500（50個，@¥50）である。

　　　　（借）繰 越 商 品　　　2,500　　　　（貸）仕　　　　入　　　2,500

設例4－3から4－5では，当期に販売した商品の原価（売上原価）は，当期の購入額（当期商品仕入高）¥10,000から，期末商品棚卸高¥2,500を除いた¥7,500となります。ゆえに，当期における商品の売買益（売上総利益）は，売上高¥16,000と売上原価¥7,500の差額¥8,500となります。

更に商業企業では，期首時点で，前期に販売しきれなかった商品（在庫）を所有していることが通常です（設例4－5の仕訳のように，期末の手持商品は繰越商品（資産勘定）の借方残高として翌期に引き継がれます）。前期からの手持商品は，当期中に販売されることがほぼ確実であるため，仕入（費用勘定）に振り替える仕訳を行います。すなわち三分法では，期末（決算日）に，前期からの手持商品（期首商品棚卸高）について，仕入（費用勘定）を発生させる仕訳（借方記入）と，繰越商品（資産勘定）を減少させる振替仕訳（貸方記入）をします。

設例4－6 （決算整理仕訳）

決算につき，期末商品棚卸高は¥2,500（50個，@¥50）である。なお，期首商品棚卸高は¥3,000である。決算整理前の各勘定科目を勘定口座で示すと次のようになる。

|  | 繰越商品 |  |  |
| --- | --- | --- | --- |
| 前 期 繰 越 | 3,000 |  |  |

| 仕　　入 |  |  | 売　　上 |  |
| --- | --- | --- | --- | --- |
| 現　　金 | 10,000 |  | 現　　金 | 16,000 |

（決算整理仕訳）

　　　　（借）仕　　　　入　　　3,000　　　　（貸）繰 越 商 品　　　3,000
　　　　　　　繰 越 商 品　　　2,500　　　　　　　仕　　　　入　　　2,500

（決算整理後）

|  | 繰越商品 |  |  |  |
| --- | --- | --- | --- | --- |
| 前 期 繰 越 | 3,000 | 仕　　入 | 3,000 |
| 仕　　入 | 2,500 |  |  |

| 仕　　入 |  |  |  | 売　　上 |  |
| --- | --- | --- | --- | --- | --- |
| 現　　金 | 10,000 | 繰 越 商 品 | 2,500 | 現　　金 | 16,000 |
| 繰 越 商 品 | 3,000 |  |  |  |

設例4－3・4－4・4－6では，当期に販売した商品の原価（売上原価）は，当期の購入額（当期商品仕入高）¥10,000に期首商品棚卸高¥3,000を加え，期末商品棚卸高¥2,500を除いた

￥10,500となります。ゆえに，当期における商品の売買益（売上総利益）は，売上高￥16,000と売上原価￥10,500の差額￥5,500となります。なお**売上総利益**と**売上原価**を計算式で示すと次のようになります。

$$\text{売上総利益} \quad = \quad \text{売上高} \quad - \quad \text{売上原価}$$

$$\text{売上原価} \quad = \quad \text{期首商品棚卸高} \quad + \quad \text{当期商品仕入高} \quad - \quad \text{期末商品棚卸高}$$

なお商品売買取引においては，商品の発送費や荷役費，運送保険料，引取費用など，商品の仕入れや販売に伴う費用が発生することがあります。これらの費用を**諸掛り**（副費，付帯費）と言い，商品の販売に伴って負担することとなる費用を売上諸掛りと言い，商品を仕入れるためには不可欠に発生する費用を仕入諸掛りと言います。

売上諸掛りについては，発送費や支払保険料などその内容ごとの費用勘定を発生させる仕訳（借方記入）をします。

一方，仕入諸掛りについては，その内容にかかわらず仕入（費用勘定）を発生させる仕訳（借方記入）をします。仕入勘定に含めることで，当期に販売しきれなかった商品に係る仕入諸掛りがある場合，期末の決算整理仕訳において，期末商品棚卸高として一括して繰越商品勘定に振り替えることが可能となります。なお，諸掛りを相手企業が負担する場合は，立替金（資産勘定）を増加させる仕訳（借方記入）をします。

## 第2節　帳簿書類（補助簿）

商業簿記において作成される帳簿書類には，主要簿として必ず作成される仕訳帳や総勘定元帳のほかに，必要に応じて補助簿が作成されます。補助簿には，特定の取引についてその明細を記録しておく補助記入帳（現金出納帳，当座預金出納帳，手形記入帳，売上帳，仕入帳など）と，特定の勘定や事柄について記録しておく補助元帳（商品有高帳，売掛金元帳，買掛金元帳など）があります。ここでは主に，売上帳，仕入帳，商品有高帳について説明します。

### 1．仕入帳
**仕入帳**は，仕入取引の内訳明細（取引先，商品名，単価，数量など）を，取引の発生順に記録しておく帳簿書類です。仕入帳の手順と一例は次のとおりです。

① 仕入取引の発生順に，摘要欄には取引先，支払方法，商品名，数量，単価などを記入し，金額欄には合計額を記入します。

② 1つの取引の記入が終わったら，摘要欄に線を引きます。

③ 商品が複数ある場合には種類別に記入します。仕入諸掛がある場合にも1行下に記入します。そして内訳欄にはそれぞれの金額を記入し，金額欄にはそれらの合計額を記入します。記入

終わりを示す線は内訳欄まで引きます。

④ 仕入値引，仕入戻しが発生した場合には，日付・摘要・内訳・金額欄すべてを朱記（または括弧書き）します（一例では朱記を太字で表しています）。

⑤ 頁最後の取引の記入が終わった場合には，摘要欄に線を引かず，金額欄に線を引きます。

⑥ 仕入帳の締切日には，総仕入高（仕入値引・仕入戻し控除前）と，仕入値引・仕入戻し高（朱記）を求め，前者から後者を控除した純仕入高を算出したあと，日付欄・金額欄に二重線を引き帳簿を締め切ります。

### 仕　入　帳

| 令和3年 | | 摘　　　　要 | | 内　訳 | 金　額 |
|---|---|---|---|---|---|
| 10 | 5 | 小樽商店　　　　　　　現金 | | | |
| | | 甲商品　　200個　　@¥ 50 | | | 10,000 |
| | 10 | 旭川商店　　　　　　　掛け | | | |
| | | 乙商品　　250個　　@¥100 | | 25,000 | |
| | | 丙商品　　150個　　@¥200 | | 30,000 | |
| | | 引取運賃現金払い | | 5,000 | 60,000 |
| | 25 | **旭川商店　　　　　　掛け値引き** | | | |
| | | **乙商品　　250個　　@¥ 10** | | | **2,500** |
| | 31 | 総　仕　入　高 | | | 70,000 |
| | 〃 | **仕入値引・戻し高** | | | **2,500** |
| | | 純　仕　入　高 | | | 67,500 |

## 2．売上帳

売上帳は，売上取引の内訳明細（取引先，商品名，単価，数量など）を，取引の発生順に記録しておく帳簿書類です。売上帳の記入方法は仕入帳と同様で，一例は次のとおりです。

### 売　上　帳

| 令和3年 | | 摘　　　　要 | | 内　訳 | 金　額 |
|---|---|---|---|---|---|
| 10 | 8 | 北海道商店　　　　　　現金 | | | |
| | | 甲商品　　200個　　@¥ 80 | | | 16,000 |
| | 15 | 東京商店　　　　　　　掛け | | | |
| | | 乙商品　　200個　　@¥150 | | 30,000 | |
| | | 丙商品　　100個　　@¥240 | | 24,000 | 54,000 |
| | 30 | **東京商店　　　　　　掛け値引き** | | | |
| | | **乙商品　　200個　　@¥ 10** | | | **2,000** |
| | 31 | 総　売　上　高 | | | 70,000 |
| | 〃 | **売上値引・戻り高** | | | **2,000** |
| | | 純　売　上　高 | | | 68,000 |

## 3．商品有高帳

商業企業の仕入取引では，取引時期によって，同一商品であっても異なる単価が混在してしまうことが通常です。そこで商品売買取引が行われるつど，商品の原価を算定・記録していく補助簿の1つとして**商品有高帳**が作成されることがあります。商品有高帳は，商品の種類ごとに口座を設けて作成されます。商品有高帳の一例と手順は次のとおりです。

### 設例4－7

令和3年10月における甲商品の仕入れおよび売り上げは次のとおりである。

| 日　付 | 取引内容 | 数　量 | 単　価 | 金　額 |
|---|---|---|---|---|
| 10月1日 | 前月繰越 | 50個 | @¥ 60 | ¥ 3,000 |
| 10月5日 | 仕　入 | 200個 | @¥ 50 | ¥ 10,000 |
| 10月8日 | 売　上 | 200個 | （売価）@¥ 80 | （売価）¥ 16,000 |

商 品 有 高 帳

（先入先出法）　　　甲 商 品

| 令和3年 | | 摘　要 | 受　入 | | | 払　出 | | | 残　高 | | |
|---|---|---|---|---|---|---|---|---|---|---|---|
| | | | 数量 | 単価 | 金　額 | 数量 | 単価 | 金　額 | 数量 | 単価 | 金　額 |
| 10 | 1 | 前月繰越 | 50 | 60 | 3,000 | | | | 50 | 60 | 3,000 |
| | 5 | 仕　入 | 200 | 50 | 10,000 | | | | 50 | 60 | 3,000 |
| | | | | | | | | | 200 | 50 | 10,000 |
| | 8 | 売　上 | | | | 50 | 60 | 3,000 | | | |
| | | | | | | 150 | 50 | 7,500 | 50 | 50 | 2,500 |
| | 31 | **次月繰越** | | | | **50** | **50** | **2,500** | | | |
| | | | 250 | | 13,000 | 250 | | 13,000 | | | |
| 11 | 1 | 前月繰越 | 50 | 50 | 2,500 | | | | 50 | 50 | 2,500 |

① 受入欄には，月初に前月からの繰越商品と，取引日に仕入れた商品の数量・単価・金額を記入します。

② 残高欄には，取引後の数量・単価・金額を記入します。

③ 払出欄には，売り上げた商品の数量・単価・金額を記入します。なお，単価と金額は売価ではなく原価で記入します。

④ 月末において，残高の数量・単価・金額を，払出欄に朱記します（一例では朱記を太字で表しています）。

⑤ 1行下に，受入欄の数量・金額の合計額と，払出欄の数量・金額の合計額とを記入し線を引きます。2つの合計額が一致することを確認して商品有高帳を締切ります（なお摘要欄には二重線を引きません）。

商品有高帳の記入方法は，商品原価の推定方法によって異なります。商業企業では膨大な種類の商品が膨大な量で取引されるため，払出単価をそのつどひとつひとつ厳密に管理するには，多くの

労力と経費を要することとなります。そこで商業簿記では，商品数量の増減については厳密に把握を行って（継続記録法），払出単価については一定の仮定に基づいて計算する方法がとられています。その計算方法には先入先出法，後入先出法，移動平均法，総平均法などがあります。ここでは先入先出法と移動平均法について説明します。

### （1）先入先出法

**先入先出法**は，先に仕入れたものから順に販売されると仮定して，払出単価を決定する方法です。設例4－7の場合，10月8日の売上数量200個は，まず前月繰越分の50個（@¥60）が先に払い出されていき，次に10月5日の仕入数量200個（@¥50）のうちから150個が払い出されていくものとして処理します（先入先出法における記入例としては，単価の異なる商品を受け入れた時の残高欄や，販売時の払出欄には，単価の異なる商品ごとに複数行に分けて区別し括弧を付します）。

　したがって先入先出法では，月末の手持商品の単価は，月末から最も近い時において取得した商品から順次なるものとして評価されます。設例4－7の場合，月末数量50個というのは，月末から最も近い時において取得した10月5日の仕入数量200個のうちの50個と仮定されますので，単価は@¥50と評価され，次月繰越商品の金額は¥2,500と計算されます。

### （2）移動平均法

**移動平均法**は，仕入取引のつど，仕入商品と在庫商品とで平均の単価を算定し，これを払出単価と仮定する方法です。移動平均単価は仕入取引のつど次のように算定します。

$$移動平均単価 = \frac{残高金額 ＋ 仕入金額}{残高数量 ＋ 仕入数量}$$

　移動平均法により商品原価を算定する場合，設例4－7の商品有高帳は次のとおりとなります。このうち，10月5日の仕入れでは，単価の異なるものを受け入れたので，受入後の平均単価は，

$$\frac{¥3,000＋¥10,000}{50個＋200個} = @¥52$$

と計算されます。そして10月8日の売上取引では，この平均単価を払出単価に用いて払出金額を計算します。

商 品 有 高 帳

甲 商 品

（移動平均法）

| 令和3年 | | 摘　要 | 受　入 | | | 払　出 | | | 残　高 | | |
|---|---|---|---|---|---|---|---|---|---|---|---|
| | | | 数量 | 単価 | 金　額 | 数量 | 単価 | 金　額 | 数量 | 単価 | 金　額 |
| 10 | 1 | 前月繰越 | 50 | 60 | 3,000 | | | | 50 | 60 | 3,000 |
| | 5 | 仕　入 | 200 | 50 | 10,000 | | | | 250 | 52 | 13,000 |
| | 8 | 売　上 | | | | 200 | 52 | 10,400 | 50 | 52 | 2,600 |
| | 31 | **次月繰越** | | | | **50** | **52** | **2,600** | | | |
| | | | 250 | | 13,000 | 250 | | 13,000 | | | |
| 11 | 1 | 前月繰越 | 50 | 52 | 2,600 | | | | 50 | 52 | 2,600 |

練習問題

小樽商店の令和3年10月における次の資料に基づいて設問（1）（2）に答えなさい。

仕　入　帳

| 令和3年 | | 摘　　　要 | 内　訳 | 金　額 |
|---|---|---|---|---|
| 10 | 10 | 小樽商店　　　　掛け | | |
| | | 甲商品 50個 @¥120 | | 6,000 |
| | 20 | 旭川商店　　　　掛け | | |
| | | 甲商品 40個 @¥140 | 5,600 | |
| | | 乙商品 30個 @¥100 | 3,000 | 8,600 |
| | 25 | 旭川商店　　掛け値引き | | |
| | | 乙商品 30個 @¥10 | | 300 |
| | 31 | 総　仕　入　高 | | 14,600 |
| | " | 仕入値引・戻し高 | | 300 |
| | | 純　仕　入　高 | | 14,300 |

売　上　帳

| 令和3年 | | 摘　　　要 | 内　訳 | 金　額 |
|---|---|---|---|---|
| 10 | 5 | 東京商店　　　　現金 | | |
| | | 乙商品 10個 @¥150 | | 1,500 |
| | 15 | 北海道商店　　　掛け | | |
| | | 甲商品 20個 @¥200 | | 4,000 |
| | 18 | 旭川商店　　掛け値引き | | |
| | | 乙商品 10個 @¥10 | | 100 |
| | 25 | 東京商店　　　　掛け | | |
| | | 甲商品 50個 @¥250 | 12,500 | |
| | | 丙商品 40個 @¥200 | 8,000 | 20,500 |
| | 31 | 総　売　上　高 | | 26,000 |
| | " | 売上値引・戻り高 | | 100 |
| | | 純　売　上　高 | | 25,900 |

（1）商品の払出単価の決定方法として移動平均法を用いた場合において，甲商品（前月繰越：数量50個，単価@¥100）の商品有高帳を完成させなさい。

（2）商品の払出単価の決定方法として先入先出法を用いた場合における，甲商品に関する売上高，売上原価および売上総利益を計算しなさい。

（1）
（移動平均法）

商　品　有　高　帳
甲　商　品

| 令和3年 | 摘　要 | 受　　入 | | | 払　　出 | | | 残　　高 | | |
|---|---|---|---|---|---|---|---|---|---|---|
| | | 数量 | 単価 | 金　額 | 数量 | 単価 | 金　額 | 数量 | 単価 | 金　額 |
| | | | | | | | | | | |
| | | | | | | | | | | |
| | | | | | | | | | | |
| | | | | | | | | | | |
| | | | | | | | | | | |

（2）先入先出法

売上原価の計算
甲　商　店

| | |
|---|---|
| 月初商品棚卸高 | 円 |
| 当月商品仕入高 | ＿＿＿＿＿ |
| 合　　計 | 円 |
| 月末商品棚卸高 | ＿＿＿＿＿ |
| 売　上　原　価 | ＿＿＿＿＿円 |

売上総利益の計算
甲　商　店

| | |
|---|---|
| 売　　上　　高 | 円 |
| 売　上　原　価 | ＿＿＿＿＿ |
| 売　上　総　利　益 | ＿＿＿＿＿円 |

# 第5章　売掛金・買掛金

## 第1節　売掛金勘定と買掛金勘定

　商品を掛け（商品の受渡しのときには代金の受払いは行わず，後日に決済を行うこと）で売買することが一般に行われており，このような取引を信用取引と言います。商品を掛けで売渡した場合が**売掛金**であり，これは将来，商品代金を回収できる権利（債権）です。商品を掛けで仕入れた場合が**買掛金**であり，こちらは将来，商品代金を支払わなければならない義務（債務）です。掛取引により発生した売掛金・買掛金は，売掛金勘定（資産）と買掛金勘定（負債）で処理します。売掛金の発生は売掛金勘定の借方に記入し，買掛金の発生は買掛金勘定の貸方に記入します。

| 掛け売渡し | （借）売　掛　金　×××　　（貸）売　　　　上　××× |
|---|---|
| 掛け仕入れ | （借）仕　　　　入　×××　　（貸）買　掛　金　××× |

　また，売掛金の代金が回収されたときには売掛金勘定の貸方に記入し，買掛金の代金を支払ったときには買掛金勘定の借方に記入します。

| 売掛金の現金決済 | （借）現　　　　金　×××　　（貸）売　掛　金　××× |
|---|---|
| 買掛金の現金決済 | （借）買　掛　金　×××　　（貸）現　　　　金　××× |

　なお，両勘定とも商品売買取引において生じた債権・債務を処理する勘定であり，それ以外の取引，たとえば備品を売却した場合に代金を後日受け取る債権であれば未収金勘定で処理し，備品を購入した場合に代金を後日支払う債務であれば未払金勘定で処理します。

　また，クレジットカードの普及に伴い，クレジット取引が多くの企業で行われています。

　これは信販会社に対する債権なので，得意先に対する売掛金と区別し，**クレジット売掛金**勘定で処理します。

設例5－1

　いなば商店は，商品¥100,000をクレジット払いの条件で販売した。なお，信販会社への手数料（販売代金の3％）は販売時に計上する。

| （借）クレジット売掛金　97,000 | （貸）売　　　　上　100,000 |
|---|---|
| （借）支　払　手　数　料　3,000 | |

## 第2節　人名勘定

　取引先が複数ある場合に，これらの掛取引をひとつの売掛金勘定・買掛金勘定で処理すれば，売掛金・買掛金の総額は把握できますが，個々の取引先ごとの売掛金・買掛金の有高は知ることができません。その不便をなくすためには，売掛金勘定・買掛金勘定の代わりに，得意先や仕入先の商店名などを勘定科目に用いた処理が行われることがあります。これらの勘定を**人名勘定**と言います。

設例 5 － 2

　① 岡山商店へ商品¥100,000を掛売りした。

　　　　　　（借）岡 山 商 店　100,000　　　　（貸）売　　　　上　100,000

　② 広島商店から商品¥50,000を掛けで仕入れた。

　　　　　　（借）仕　　　　入　　50,000　　　　（貸）広 島 商 店　 50,000

　しかし取引先の数が多くなると，総勘定元帳上に多数の人名勘定を設けることになり，記帳処理上とても煩雑になってしまいます。そこで今日では，主要簿では売掛金勘定・買掛金勘定を用いながら，補助簿として得意先および仕入先ごとに人名勘定を設けて管理する方法が一般的です。

## 第3節　得意先元帳と仕入先元帳

　総勘定元帳に売掛金勘定・買掛金勘定を設けて売掛金・買掛金の総額を明らかにするとともに，**得意先元帳**（売掛金元帳）と**仕入先元帳**（買掛金元帳）という補助簿を作成して取引先ごとの人名勘定の有高を示します。このように得意先元帳と仕入先元帳を設けた場合の売掛金勘定・買掛金勘定は，人名勘定の有高を総括して示すものであるから，**統制勘定**と呼ばれます。売掛金勘定と得意先元帳との関係を具体的な設例を用いて示してみます。

設例 5 － 3

　5月2日　横浜商店に商品¥38,000を掛売りした。

　5月9日　埼玉商店に商品¥55,000を掛売りした。

　5月20日　横浜商店より売掛金のうち¥40,000を現金で回収した。

　5月25日　埼玉商店より売掛金のうち¥50,000を同店振出の小切手で回収し，当座預金に預け入れた。

　　　　5 月 2 日　（借）売 　掛　 金　38,000　　　（貸）売　　　　上　38,000

　　　　5 月 9 日　（借）売 　掛　 金　55,000　　　（貸）売　　　　上　55,000

　　　　5 月20日　（借）現　　　　金　40,000　　　（貸）売 　掛　 金　40,000

5月25日　（借）当 座 預 金　50,000　　　　　（貸）売　掛　金　50,000

## 総 勘 定 元 帳

### 売　掛　金

| | | | | | |
|---|---|---|---|---|---|
| 5/1 | 前月繰越 | 25,000 | 5/20 | 現　　金 | 40,000 |
| 5/2 | 売　　上 | 38,000 | 5/25 | 当座預金 | 50,000 |
| 5/9 | 売　　上 | 55,000 | 5/30 | 次月繰越 | 28,000 |
| | | 118,000 | | | 118,000 |

## 得 意 先 元 帳

### 横 浜 商 店　　　　　得1

| | | | | | |
|---|---|---|---|---|---|
| 5/1 | 前月繰越 | 10,000 | 5/20 | 現　　金 | 40,000 |
| 5/2 | 売　　上 | 38,000 | 5/30 | 次月繰越 | 8,000 |
| | | 48,000 | | | 48,000 |

### 埼 玉 商 店　　　　　得2

| | | | | | |
|---|---|---|---|---|---|
| 5/1 | 前月繰越 | 15,000 | 5/25 | 当座預金 | 50,000 |
| 5/9 | 売　　上 | 55,000 | 5/30 | 次月繰越 | 20,000 |
| | | 70,000 | | | 70,000 |

買掛金勘定と仕入先元帳の関係を具体的な設例を用いて示してみます。

### 設例5－4

5月10日　千葉商店から商品￥35,000を掛けで仕入れた。

5月15日　宇都宮商店から商品￥48,000を掛けで仕入れた。

5月25日　千葉商店に買掛金￥30,000を現金で支払った。

5月30日　宇都宮商店に買掛金￥50,000を小切手を振り出して支払った。

5月10日　（借）仕　　　　入　35,000　　　　　（貸）買　掛　金　35,000

5月15日　（借）仕　　　　入　48,000　　　　　（貸）買　掛　金　48,000

5月25日　（借）買　掛　金　30,000　　　　　（貸）現　　　　金　30,000

5月30日　（借）買　掛　金　50,000　　　　　（貸）当 座 預 金　50,000

## 仕 入 先 元 帳

### 千 葉 商 店　　　　　仕1

| | | | | | |
|---|---|---|---|---|---|
| 5/25 | 現　　金 | 30,000 | 5/1 | 前月繰越 | 5,000 |
| 5/31 | 次月繰越 | 10,000 | 5/10 | 仕　　入 | 35,000 |
| | | 40,000 | | | 40,000 |

### 宇 都 宮 商 店　　　　　仕2

| | | | | | |
|---|---|---|---|---|---|
| 5/30 | 当座預金 | 50,000 | 5/1 | 前月繰越 | 10,000 |
| 5/31 | 次月繰越 | 8,000 | 5/15 | 仕　　入 | 48,000 |
| | | 58,000 | | | 58,000 |

以上のように，総勘定元帳の売掛金勘定の借方合計・貸方合計は，得意先元帳の各勘定の借方合計・貸方合計の総額と一致し，買掛金勘定の借方合計・貸方合計は，仕入先元帳の各勘定の借方合

計・貸方合計の総額と一致するのが確認できます。

## 第4節　返品・値引・割戻

　商品の受渡しが行われ，売買取引が終了した後に返品・値引・割戻が行われることがあります。返品とは，品違いや破損などの理由で商品を返送することを言います。仕入先に返品することを**仕入戻し**と言い，売上先からの返品を**売上戻り**と言います。値引とは，商品の量目不足，品質不良，破損などの理由により代価から控除されることを言います。仕入の場合は**仕入値引**と言い，売上の場合を**売上値引**と言います。割戻とは，一定期間に多額または多量の取引をした取引先に対する返戻を言います。**仕入割戻**と**売上割戻**の二つがあります。

設例5－4
　高松商店は，松山商店へA商品の販売を行っている。6月中の取引は次のとおりである。
　6月3日　A商品100個　単価¥1,000を掛売りした。
　6月9日　5個は品違いのため返品を受けた。
　6月15日　3個に破損がある旨の連絡があり，1個あたり¥200の値引をした。
　6月23日　92個に対して1個当たり¥50の割戻を行った。

| | | | | | | | | |
|---|---|---|---|---|---|---|---|---|
| 高松商店 | 6月3日 | （借）売　掛　金 | 100,000 | | （貸）売　　　　上 | 100,000 | | |
| | 6月9日 | （借）売　　　　上 | 5,000 | | （貸）売　掛　金 | 5,000 | | |
| | | （または売上戻り） | | | | | | |
| | 6月15日 | （借）売　　　　上 | 600 | | （貸）売　掛　金 | 600 | | |
| | | （または売上値引） | | | | | | |
| | 6月23日 | （借）売　　　　上 | 4,600 | | （貸）売　掛　金 | 4,600 | | |
| | | （または売上割戻） | | | | | | |
| 松山商店 | 6月3日 | （借）仕　　　　入 | 100,000 | | （貸）買　掛　金 | 100,000 | | |
| | 6月9日 | （借）買　掛　金 | 5,000 | | （貸）仕　　　　入 | 5,000 | | |
| | | | | | （または仕入戻し） | | | |
| | 6月15日 | （借）買　掛　金 | 600 | | （貸）仕　　　　入 | 600 | | |
| | | | | | （または仕入値引） | | | |
| | 6月23日 | （借）買　掛　金 | 4,600 | | （貸）仕　　　　入 | 4,600 | | |
| | | | | | （または仕入割戻） | | | |

## 第5節　割　　　引

　割引とは，売掛金・買掛金を予定していた支払期日前に決済が行われた場合に，その売上代金・仕入代金の一定割合を減額することであります。支払期日前に決済するわけですから，その減額分

は短縮期間に対応する利息相当額を意味します。割引には**売上割引**と**仕入割引**があります。

**設例5－6**

8月1日　福岡商店は熊本商店に商品¥100,000を掛売りした。支払期日は30日後で，10日以内に支払えば，2％の割引を行う約定がある。

8月9日　福岡商店は熊本商店より上記商品の代金を現金で受け取り，割引をした。

福岡商店　　8月1日（借）売　掛　金　100,000　　　　（貸）売　　　　上　100,000

　　　　　　8月9日（借）売 上 割 引　　2,000　　　　（貸）売　掛　金　100,000

　　　　　　　　　　　　　現　　　金　 98,000

熊本商店　　8月1日（借）仕　　　　入　100,000　　　　（貸）買　掛　金　100,000

　　　　　　8月9日（借）買　掛　金　100,000　　　　（貸）仕 入 割 引　　2,000

　　　　　　　　　　　　　　　　　　　　　　　　　　　現　　　金　 98,000

## 第6節　貸倒損失と貸倒引当金

　得意先の倒産などによって売掛金などの債権が回収できなくなることがあります。これを**貸倒れ**[注]と言います。売掛金が貸倒れになった場合は，その金額を売掛金勘定の貸方に記入して売掛金を減額させるとともに，**貸倒損失**勘定（費用）の借方に記入します。

　　　　　（借）貸　倒　損　失　×××　　　（貸）売　掛　金　×××

　売掛金などの債権の期末勘定残高は，次期以降に貸倒れになる危険性があるので，決算においてはその貸倒れの予想額を見積り，その見積額を費用として計上します。売掛金の場合を考えると，貸倒れを予想した売掛金は実際にはまだ貸倒れになっていないので，売掛金勘定を直接減額することはできません。このため貸倒引当金勘定を設けてその貸方に記入し，それとともにその金額を**貸倒引当金繰入**勘定の借方に記入してその期の費用とします。

　　　　　（借）貸倒引当金繰入　×××　　　（貸）貸 倒 引 当 金　×××

---

注　なお，貸倒損失の発生には，次のような三つの場合があります。（法人税法基本通達9－6－1～3）

① 　金銭債権が切り捨てられた場合

　　会社更生法，民事再生法，会社法の特別清算規定などが適用され，当方の債権が法律的に切り捨てられる金額。たとえば，「債務者は債務総額の60％だけ債権者に支払いなさい。残高の40％は払わなくてよい。」との裁判所の決定があったとすると，当方の債権の40％は貸倒損失として処理することになります。また，法律によらない債権者集会の協議決定などにより切り捨てられる金額についても同様の扱いとなります。

② 　金銭債権の全額が回収不能になった場合

　　法律的に債権が消滅したわけではないですが，債権者の資産状況，支払能力などからその全額が回収できないことが明らかになった場合。（ただし，担保物を処分した後）

③ 　一定期間取引停止後弁済がない場合等

　　債務者の資産状況，支払能力が悪化したため取引を停止し1年以上経過しても回収できないとか，取立てに要する費用が債権金額を上回るとか，支払いを督促したが弁済がない場合など。

貸倒引当金が設定され，次期に実際に売掛金の貸倒れが発生したときは，その貸倒引当金の範囲内であれば貸倒引当金勘定の借方に記入し，売掛金勘定の貸方に記入します。設定した貸倒引当金を超える場合は，その超えた金額を貸倒損失の借方に記入します。

**設例 5 − 7**

3月31日　決算日になり，期末の売掛金残高¥500,000に対して3％の貸倒引当金を設定する。
4月25日　名古屋商店の売掛金¥10,000が同店の倒産により回収不能になった。
5月20日　岐阜商店の売掛金¥8,000が同店の倒産により回収不能になった。

|  | 3月31日 | （借）貸倒引当金繰入 | 15,000 | （貸）貸 倒 引 当 金 | 15,000 |
| --- | --- | --- | --- | --- | --- |
|  | 4月25日 | （借）貸 倒 引 当 金 | 10,000 | （貸）売 　 掛 　 金 | 10,000 |
|  | 5月20日 | （借）貸 倒 引 当 金 | 5,000 | （貸）売 　 掛 　 金 | 8,000 |
|  |  | 　　　貸 倒 損 失 | 3,000 |  |  |

　貸倒引当金の設定方法には，洗替法と差額補充法があります。**洗替法**は貸倒引当金残高を**貸倒引当金戻入勘定**（収益）に振り替え，あらためて当期末の債権に対して貸倒引当金を設定する方法です。**差額補充法**は貸倒引当金の期末残高と当期末の貸倒引当金設定額との差額分だけを補充もしくは戻入れる方法です。

**設例 5 − 8**

12月31日　決算において，売掛金¥1,000,000に対して3％の貸倒引当金を設定する。なお貸倒引当金の期末残高は¥12,000である。

| 洗 替 法 | （借）貸 倒 引 当 金 | 12,000 | （貸）貸倒引当金戻入 | 12,000 |
| --- | --- | --- | --- | --- |
|  | 　　　貸倒引当金繰入 | 30,000 | 　　　貸 倒 引 当 金 | 30,000 |
| 差額補充法 | （借）貸倒引当金繰入 | 18,000 | （貸）貸 倒 引 当 金 | 18,000 |

　金銭債権について「取立不能のおそれ」がある場合には，金銭債権を次のように3区分して取立不能見込額を算定します。（「金融商品に係る会計基準」参照）

① 　一般債権（経営状態に重大な問題が生じていない債務者に対する債権）……債権全体または同種・同類の債権ごとに，債権の状況に応じて求めた過去の貸倒実績率等合理的な基準により算定します。
② 　貸倒懸念債権（経営破綻には至っていないが，債務の弁済に重大な問題のあるまたはその可能性の高い債務者に対する債権）……㋑担保処分見込額や保証による回収見込額を差し引いた残高の貸倒見積高（債務者の財政状態・経営成績を考慮）または㋺キャッシュフローからの合理的見積高によります。
③ 　破産更生債権等（経営破綻に陥っている債務者に対する債権）……債権額から担保処分見込額

と保証による回収見込額を差し引いた残高を貸倒見積高とします。

　以上の算定法が本則ですが，「中小企業の会計に関する指針」では，中小企業の実務に配慮して，法人税法の区分に基づき，㋑一括評価金銭債権，㋺個別評価金銭債権に区分して算定した貸倒引当金繰入限度額基準の採用も認めています。

## 第7節　償却債権取立益勘定

　過年度に貸倒れとして処理していた売掛金などの債権の全部または一部が，当期になって回収されることがあります。この場合には，回収額を**償却債権取立益**勘定の貸方に記入してその期の収益とします。なお，当期に貸倒れとして処理したものが当期中に回収された場合は，貸倒損失の修正をして償却債権取立益とはしません。過年度に処理した貸倒れが，当期に現金で回収されたときは以下の通り仕訳します。

　　　　　（借）現　　　　　金　×××　　　　　（貸）償却債権取立益　×××

　また当期に処理した貸倒れが，当期中に現金で回収されたときは以下の通り仕訳します。

　　　　　（借）現　　　　　金　×××　　　　　（貸）貸　倒　損　失　×××

　本章で取り上げた掛取引を売掛金勘定と買掛金勘定へ記帳すれば，次のようになります。

売　掛　金

| 債権の発生 | 債権の消滅 |
|---|---|
| 掛けで売渡し | 掛けの決済（掛代金の受取り） |
| | 売渡し商品の返品・値引・割戻・割引 |
| | 貸倒れ |
| | 　貸倒引当金・貸倒損失 |

買　掛　金

| 債務の消滅 | 債務の発生 |
|---|---|
| 掛けの決済（掛代金の支払い） | 掛けで仕入れ |
| 仕入れ商品の返品・値引・割戻・割引 | |

練習問題

1．次の一連の取引について仕訳をしなさい。

7月5日　姫路商店より商品¥100,000を掛けで仕入れた。

7月8日　倉敷商店に商品¥150,000を掛売りした。

7月10日　8日に倉敷商店に販売した商品のうち¥10,000が品違いのため返品され，代金は売掛金から差し引くことにした。

7月12日　5日に姫路商店から仕入れた商品について¥5,000の値引を受け，代金は買掛金から差し引くことにした。

7月25日　倉敷商店より売掛金残高¥140,000を小切手で受け取った。

7月31日　姫路商店へ買掛金残高¥95,000を小切手を振り出して支払った。

2．次の取引について仕訳をしなさい。

（1）決算において，売掛金残高¥1,000,000に対して3％の貸倒引当金を見積った。貸倒引当金の残高は¥15,000であり，設定方法は洗替法による。

（2）得意先の和歌山商店が倒産し，当店に対する売掛金¥20,000が貸倒れとなった。なお，貸倒引当金の残高は¥30,000である。

（3）前期に貸倒れとして処理していた和歌山商店に対する売掛金¥20,000のうち，¥5,000を現金で回収した。

# 第6章　手形取引

## 第1節　手形の意味と種類

　商品を売買したとき，その代金の決済手段として，現金や小切手のほかに手形が用いられることがあります。手形とは，支払期日や支払場所，支払金額を記載した証券であり，法律上は**約束手形**と**為替手形**に分類されます。簿記上では，これらの手形が債権の発生か，債務の発生かによって**受取手形**と**支払手形**に分類され，受取手形勘定（資産）または支払手形勘定（負債）で処理します。

　なお，手形には通常の商取引に基づいて振り出される**商業手形**以外にも，金銭の貸借を目的として振り出される**金融手形**があります。

## 第2節　約束手形

　約束手形は，手形の振出人（支払人）が名宛人（受取人）に対して一定の期日（満期日）に一定の金額（手形金額）を支払うことを約束する証券です。略して約手とも言います。約束手形の振出しと決済を具体的な設例を用いて示してみます。

設例6－1

8月5日　松江商店は鳥取商店に商品¥200,000を売渡し，代金として鳥取商店振出し，当店宛の約束手形＃10を受け取った。

9月5日　約束手形＃10の満期日となり，取引銀行から入金の通知を受けた。

前記の約束手形の取引を関係図に示して説明します。鳥取商店は松江商店から商品を仕入れ，その代金の支払手段として松江商店に約束手形を振り出した。これにより鳥取商店は松江商店に手形代金の支払義務，すなわち手形債務が生じることになります。この手形が満期日に取引銀行（若葉台銀行）で決済されると，支払済通知を受けて手形債務が消滅します。

　　鳥取商店　　　8月5日（借）仕　　　　入　200,000　　　（貸）支 払 手 形　200,000
　　　　　　　　　9月5日（借）支 払 手 形　200,000　　　（貸）当 座 預 金　200,000

約束手形の取引の関係図

　一方，松江商店は鳥取商店に商品を売り上げ，その代金として鳥取商店振出しの約束手形を受け取りました。これにより松江商店は鳥取商店から手形代金を受け取る権利，すなわち手形債権が生じることになります。松江商店は，この手形を取引銀行に取立てに出し，手形交換所を通して決済されると，取立通知を受けて手形債権が消滅します。

　　松江商店　　　8月5日（借）受 取 手 形　200,000　　　（貸）売　　　　上　200,000
　　　　　　　　　9月5日（借）当 座 預 金　200,000　　　（貸）受 取 手 形　200,000

## 第3節　為替手形

　為替手形は，振出人が名宛人（支払人）に対して，一定の期日（満期日）に一定の金額（手形金額）を名指人（受取人）に支払うように依頼した証券です。略して為手とも言います。その際，名宛人が手形代金の支払いに同意することを引受と言います。振出人は名宛人に対して債権者であり，名指人に対して債務者の関係になります。

　約束手形の関係者が振出人と名宛人の二者であるのに対して，為替手形の場合は，振出人，名宛人および名指人の通常三者です。しかし，手形関係者が二者の為替手形もあります。これには自己宛為替手形と自己受為替手形があります。為替手形の振出・決済を具体的な設例を用いて示してみます。

設例 6－2
7月16日　大阪商店は京都商店に対する買掛金¥250,000の支払いのために，京都商店受け取り，得意先神戸商店宛の為替手形♯15を振り出し，神戸商店に呈示し引受けを得て，京都商店に渡した。

10月16日　京都商店は，取立てを依頼していた上記の為替手形が決済され当座預金口座に入金された旨，取引銀行から通知を受けた。

　設例6－2の為替手形の取引を関係図に示して説明します。大阪商店にとって，京都商店は仕入先であり，神戸商店は得意先（販売先）です。この取引関係において，大阪商店は神戸商店に対して債権（売掛金）が発生し，京都商店に対して債務（買掛金）を負います。一方，京都商店は大阪商店に対して債権（売掛金）が発生し，神戸商店は大阪商店に対する債務（買掛金）を負います。

　大阪商店は京都商店に対する買掛金の決済を行う場合，京都商店に代金を直接支払う代わりに為替手形を振り出して決済することができます。大阪商店は為替手形を振り出すことにより，神戸商店（名宛人）に対する債権（売掛金）に代えて京都商店（名指人）への支払いを依頼します。したがって大阪商店においては，京都商店に対する買掛金が減少すると同時に神戸商店に対する売掛金が減少することになります。

　　　　大阪商店　　7月16日　（借）買　掛　金　250,000　　　　（貸）売　掛　金　250,000

　京都商店においては，大阪商店に対する売掛金が減少すると同時に神戸商店への手形債権が発生します。

　　　　京都商店　　7月16日　（借）受　取　手　形　250,000　　　　（貸）売　掛　金　250,000

　神戸商店においては，大阪商店への買掛金が減少すると同時に京都商店への手形債務を負うことになります。

　　　　神戸商店　　7月16日　（借）買　掛　金　250,000　　　　（貸）支　払　手　形　250,000

　京都商店は，この手形を取引銀行に取立てに出し，手形交換所を通して決済されると，取立通知を受けて手形債権が消滅します。

　　　　京都商店　　10月16日　（借）当　座　預　金　250,000　　　　（貸）受　取　手　形　250,000

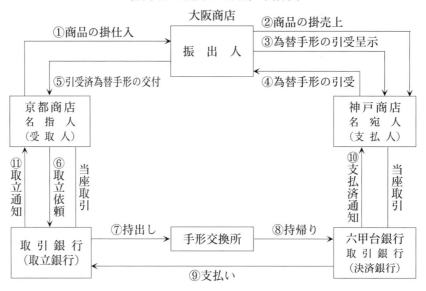

**為替手形の振出しと決済の関係図**

一方，神戸商店は，この手形が満期日に取引銀行（六甲台銀行）で決済されると，支払済通知を受けて手形債務が消滅します。なお，大阪商店は，この手形の決済には関係しません。

　　神戸商店　　10月16日（借）支 払 手 形　250,000　　　（貸）当 座 預 金　250,000

## 第4節　自己宛為替手形と自己受為替手形

　**自己宛為替手形**とは，振出人が自分を名宛人（支払人）とした為替手形であり，約束手形を振り出して手形金額の支払義務を負うのと同じ効果となります。これは主として，本支店間の送金手形として利用されます。

設例 6 － 3
　東京商店（本店）は，小樽商店に対する買掛金￥55,000の支払いのために，東京商店札幌支店を支払人とする自己宛為替手形を振り出して渡した。

　　　東京商店（本店）　　　（借）買　　掛　　金　55,000　　　（貸）札 幌 支 店　55,000
　　　東京商店札幌支店　　　（借）本　　　　　店　55,000　　　（貸）支 払 手 形　55,000
　　　小樽商店　　　　　　　（借）受 取 手 形　55,000　　　（貸）売 掛 金　55,000

　**自己受為替手形**とは，振出人が自分を名指人（受取人）とする為替手形であり，名宛人（支払人）の引受を得た後は振出人が手形債権者となります。これは為替手形の名宛人から約束手形を受け取るのと同じ効果となります。これは主として，売掛金の回収のため取立手形として利用されます。

設例 6 - 4

　金沢商店の売掛金を取り立てるため，同店宛・自己受取の為替手形￥100,000を振り出し，金沢商店の引受けを得た。

（借）受 取 手 形　100,000　　　　（貸）売　掛　金　100,000

## 第5節　手形の裏書譲渡

　約束手形や為替手形の所持人は，商品の仕入代金や買掛金の支払いなどのため，支払期日前に，その手形債権を他人に譲渡することができます。その際に，手形の裏面に署名押印してから譲渡するため，**裏書譲渡**と呼ばれます。手形を譲渡する人を裏書人，譲渡先の第三者を被裏書人と言います。手形を裏書譲渡すれば手形債権が消滅するので，受取手形勘定の貸方に記入し，裏書により手形を受け取ったときには受取手形勘定の借方に記入します。

| | | | |
|---|---|---|---|
| 殿 | 殿 | 殿 | 殿 |
| 表記金額を下記被裏書人またはその指図人へお支払いください。 | 表記金額を下記被裏書人またはその指図人へお支払いください。 | 表記金額を下記被裏書人またはその指図人へお支払いください。 | 表記金額を受取りました。 |
| 拒絶証書不要 | 拒絶証書不要 | 拒絶証書不要 | 拒絶証書不要 |
| 令和　×年　5月　5日 | 令和　　年　　月　　日 | 令和　　年　　月　　日 | 令和　　年　　月　　日 |
| 住所　福井市文京×-×　福井商店 | 住所 | 住所 | 住所 |
| 森下　章　㊞ | | | |
| （目的） | （目的） | （目的） | （目的） |
| 被裏書人｜岐阜商店 | 被裏書人 | 被裏書人 | 被裏書人 |

設例 6 - 5

　当店（福井商店）は，岐阜商店に対する買掛金の支払いのため，先に大津商店から受け取った約束手形￥80,000を裏書譲渡した。

福井商店　　（借）買　掛　金　80,000　　　（貸）受 取 手 形　80,000

岐阜商店　　（借）受 取 手 形　80,000　　　（貸）売　掛　金　80,000

## 第6節　手形の割引

　約束手形や為替手形の所持人は，資金繰りの都合などから，支払期日前に，その手形債権を銀行などの金融機関に割引料（利息）を支払って買い取ってもらうことがあります。これを**手形の割引**と言います。手形の割引は，裏書譲渡の一形態でもあり，現在広く行われています。金融機関では，割り引いた日から支払期日までの割引料を差し引いた額を入金するのが普通です。手形の割引は，手形代金より低い価額で手形を売却することにより手形債権が消滅するので，受取手形勘定の貸方

に記入し，割引料は**手形売却損**勘定（費用）で処理します。

**設例6－6**

　得意先から受け取った約束手形¥150,000を銀行で割り引き，割引料¥3,000を差引かれた額が当座預金に入金された。

（借）当 座 預 金　147,000　　　　（貸）受 取 手 形　150,000
　　　手形売却損　　 3,000

　裏書手形・割引手形が支払期日に決済されなかったときは，被裏書人・割引を受けた銀行に対して手形代金を支払わなければなりません。これを遡及義務と言います。このように裏書人・割引を受けた者は，偶発債務を負うことになります。偶発債務は受取手形記入帳からも確認することができますが，総勘定元帳に偶発債務を備忘記録することも行われます。実務では裏書手形勘定・割引手形勘定を用いることが多いです。これらを評価勘定と言います。裏書譲渡したときは貸方を受取手形としないで裏書手形とし，割引を受けたときには貸方を割引手形とします。支払期日に決済されたら，それぞれ受取手形勘定と相殺します。貸借対照表には，裏書手形・割引手形を控除した額を受取手形として表示し，これらの偶発債務は注記します。本章で取り上げた手形取引を受取手形勘定と支払手形勘定へ記帳すれば，次のようになります。

| 受 取 手 形 | | 支 払 手 形 | |
|---|---|---|---|
| 債権の発生 | 債権の消滅 | 債務の消滅 | 債務の発生 |
| 手形の受取り | 満期日における決済 | 満期日における決済 | 手形の振出し |
| ①約束手形の受取り | （手形代金の受取り） | （手形代金の支払い） | ①約束手形の振出し |
| ②為替手形の受取り | 手形の譲渡 | | ②自己宛為手の振出し |
| 自己受為手の振出し | ①裏書譲渡 | | 為替手形の引受け |
| | ②割引 | | |

## 第7節　手形貸付金と手形借入金

　金銭の貸借を目的として，借用証書の代わりに振り出される手形（金融手形）は，簿記上，商業手形と区分され，受取手形勘定・支払手形勘定を用いないで，**手形貸付金**勘定（または貸付金勘定）・**手形借入金**勘定（または借入金勘定）を用いて処理します。取引先への融資にあたり，借用証書として約束手形を受け取ったときは以下の通り仕訳します。

（借）手形貸付金　×××　　　　（貸）現 　 　 金　×××
　　（または貸付金）　　　　　　　　受 取 利 息　×××

また借入れにあたり，約束手形を振り出して引き渡したときは以下の通り仕訳します。

（借）現　　　　金　×××　　　　（貸）手形借入金　×××
　　　支　払　利　息　×××　　　　　　（または借入金）

# 第8節　荷為替手形

　遠隔地の取引先に商品を発送したとき，売主が自己の取引銀行を名指人（受取人），買主を名宛人（支払人）とした為替手形を振り出すことが行われます。この手形を売主が，売上代金を早く回収するため，運送業者から受け取った商品の貨物代表証券（貨物引換証や船荷証券など）を担保として取引銀行（これを取組銀行と言う）で割り引いてもらうことがあります。これを荷為替の取組みと言い，このような為替手形を**荷為替手形**と言います。荷為替の取組みは商品代金の70〜80％とされるのが普通であり，残額は売掛金で処理をします。しかし，近年，わが国の国内取引においては荷為替手形が使われることはほとんどないようで，主に海外取引において用いられています。荷為替の取組みを具体的な設例を用いて示してみます。

**設例6－7**

　日本商事はアメリカ商会と輸出契約を締結し，東京海運に商品を引き渡した。商品代金は＄10,000，東都銀行本店で＄8,000の荷為替を取り組んだ。そのときの為替相場は1ドル＝120円であり，割引料¥50,000を差し引かれ手取金を当座預金とした。この取引を関係図に示して説明します。

**荷為替手形の関係図**

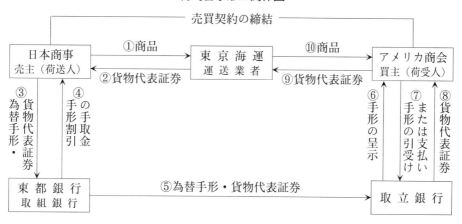

日本商事　　（借）当 座 預 金　910,000　　（貸）売　　　上　1,200,000
　　　　　　　　　手形売却損　　50,000
　　　　　　　　　売　掛　金　240,000

①②日本商事は，ニューヨークにあるアメリカ商会と売買契約を締結し，運送業者である東京海運に商品を引き渡し，東京海運から貨物代表証券を受け取ります。

③④日本商事は，アメリカ商会を名宛人（支払人）とする為替手形を作成し，貨物代表証券を担保にして売上代金の早期回収のため東都銀行本店（取組銀行）で割り引きます。

⑤東都銀行本店は，為替手形と貨物代表証券を取立銀行である海外支店や他の銀行（コルレス銀行）に送付します。

⑥⑦⑧アメリカ商会は，取立銀行から荷為替手形の呈示を受け，それを引き受けるか手形代金を支払うことによって貨物代表証券を受け取ります。

⑨⑩アメリカ商会は，商品が到着したら貨物代表証券と引き換えに東京海運から商品を受け取ります。

## 第9節　電子記録債権・電子記録債務

**電子記録債権**は，インターネットなどを用いた新しいタイプの債権です。支払う側は**電子記録債務**を負います。電子記録債権は，その利便性から手形に代わる決済手段として急速に普及しています。

設例6－8

9月1日　米子商店は，倉吉商店に対する買掛金￥300,000の支払いを電子債権記録機関で行うため取引銀行を通して債務の発生記録を行った。また，倉吉商店は取引銀行よりその通知を受けた。

9月30日　倉吉商店は電子債権記録機関に発生した債権￥300,000の支払期日が到来し，普通預金口座に振り込まれた。また，米子商店は電子債務記録機関に発生した債務￥300,000の支払期日が到来したので当座預金口座から引き落とされた。

| | | | | | | | |
|---|---|---|---|---|---|---|---|
| 米子商店 | 9月1日 | （借）買　掛　金 | 300,000 | （貸）電子記録債務 | 300,000 |
| | 9月30日 | （借）電子記録債務 | 300,000 | （貸）当　座　預　金 | 300,000 |
| 倉吉商店 | 9月1日 | （借）電子記録債権 | 300,000 | （貸）売　掛　金 | 300,000 |
| | 9月30日 | （借）普　通　預　金 | 300,000 | （貸）電子記録債権 | 300,000 |

## 第10節　受取手形記入帳と支払手形記入帳

手形に関する債権・債務の明細を記録するために，それぞれ**受取手形記入帳・支払手形記入帳**を補助簿として用います。受取手形記入帳を具体的な設例を用いて示してみます。

設例 6 － 9

新宿商店の次の取引を仕訳し，受取手形記入帳に記帳する。

10月2日　上野商店に商品￥250,000を売り渡し，当店宛の約束手形＃12（振出日10月2日，振出人 上野商店，支払期日11月30日，支払場所 東都銀行本店）を受け取った。

10月3日　上野商店から受け取った約束手形＃12 ￥250,000を取引銀行で割引き，割引料￥3,000を差し引かれ，手取金は当座預金とした。

10月8日　品川商店に対する売掛金￥200,000の回収として，為替手形＃20（振出日10月8日，振出人 品川商店，名宛人 代々木商店（引受済み），支払期日12月8日，支払場所 京浜銀行東支店）を受け取った。

10月12日　渋谷商店に商品￥300,000を売り渡し，当店宛の約束手形＃31（振出日10月12日，振出人 渋谷商店，支払期日12月25日，支払場所 東都銀行西支店）を受け取った。

10月15日　渋谷商店から受け取った約束手形＃31を新橋商店からの仕入れ代金￥300,000の支払いのため，裏書譲渡した。

12月8日　取引銀行から，品川商店振出しの為替手形＃20 ￥200,000が当座預金に入金された旨，通知があった。

|  |  |  |  |  |  |  |
|---|---|---|---|---|---|---|
| 10月2日 | （借）受 取 手 形 | 250,000 | | （貸）売 上 | 250,000 |
| 10月3日 | （借）当 座 預 金 | 247,000 | | （貸）受 取 手 形 | 250,000 |
| | 手形売却損 | 3,000 | | | |
| 10月8日 | （借）受 取 手 形 | 200,000 | | （貸）売 掛 金 | 200,000 |
| 10月12日 | （借）受 取 手 形 | 300,000 | | （貸）売 上 | 300,000 |
| 10月15日 | （借）仕 入 | 300,000 | | （貸）受 取 手 形 | 300,000 |
| 12月8日 | （借）当 座 預 金 | 200,000 | | （貸）受 取 手 形 | 200,000 |

受取手形記入帳

| 令和〇年 | | 摘要 | 金額 | 手形種類 | 手形番号 | 支払人 | 振出人または裏書人 | 振出日 | | 満期日 | | 支払場所 | てん末 | | |
|---|---|---|---|---|---|---|---|---|---|---|---|---|---|---|---|
| | | | | | | | | | | | | | 月 | 日 | 摘要 |
| 10 | 2 | 売 上 | 250,000 | 約手 | 12 | 上 野 商 店 | 上 野 商 店 | 10 | 2 | 11 | 30 | 東都銀行本店 | 10 | 3 | 割 引 |
| | 8 | 売掛金 | 200,000 | 為手 | 20 | 代々木商店 | 品 川 商 店 | 10 | 8 | 12 | 8 | 京浜銀行東支店 | 12 | 8 | 入 金 |
| | 12 | 売 上 | 300,000 | 約手 | 31 | 渋 谷 商 店 | 渋 谷 商 店 | 10 | 12 | 12 | 25 | 東都銀行西支店 | 10 | 15 | 裏書譲渡 |

設例 6 － 10

梅田商店の次の取引を仕訳し，支払手形記入帳に記入する。

10月5日　難波商店から商品￥230,000を仕入れ，代金は約束手形＃16（振出日10月5日，振出人 当店，名宛人 難波商店，支払期日10月31日，支払場所 関西銀行南支店）を振り出して支払った。

10月16日　買掛金のある仕入先　天王寺商店から，為替手形＃25　¥180,000（振出日10月16日，振出人　天王寺商店，名宛人　当店，受取人　京橋商店，支払期日11月30日，支払場所　梅田銀行本店）支払い呈示を受け，これを引き受けた。

10月31日　10月5日に難波商店に振り出した約束手形＃16　¥230,000が支払期日となり，当座預金口座から支払った旨の通知を受けた。

|  |  |  |  |  |  |
|---|---|---|---|---|---|
| 10月5日 | （借）仕　　入 | 230,000 | （貸）支払手形 | 230,000 |
| 10月16日 | （借）買　掛　金 | 180,000 | （貸）支払手形 | 180,000 |
| 10月31日 | （借）支払手形 | 230,000 | （貸）当座預金 | 230,000 |

支払手形記入帳

| 令和○年 | | 摘　要 | 金　額 | 手形種類 | 手形番号 | 受取人 | 振出人 | 振出日 | | 満期日 | | 支払場所 | てん末 | | |
|---|---|---|---|---|---|---|---|---|---|---|---|---|---|---|---|
| | | | | | | | | | | | | | 月 | 日 | 摘　要 |
| 10 | 5 | 仕　入 | 230,000 | 約手 | 16 | 難波商店 | 当　店 | 10 | 5 | 10 | 31 | 関西銀行南支店 | 10 | 31 | 支払 |
| | 16 | 買掛金 | 180,000 | 為手 | 25 | 京橋商店 | 天王寺商店 | 10 | 16 | 11 | 30 | 梅田銀行本店 | | | |

練習問題

1．次の取引について各商店の仕訳をしなさい。
（1）富山商店は長野商店に商品¥250,000を売り渡し，代金として長野商店振出し，当店宛の約束手形を受け取った。
（2）上記（1）の約束手形が満期日に決済され，長野商店の当座預金口座から富山商店の当座預金口座に入金された。
（3）仙台商店は福島商店に対する買掛金¥200,000の支払いのために，得意先弘前商店宛，福島商店受取りの為替手形を振り出して，弘前商店の引受けを得て交付した。
（4）福島商店は，取立てを依頼していた上記（3）の為替手形が決済され当座預金口座に入金された旨，通知を受けた。

2．次の取引について仕訳をしなさい。
（1）長崎商店から商品¥300,000を仕入れ，代金は得意先佐賀商店から受け取っていた約束手形¥200,000を裏書譲渡し，残額は小切手を振り出して支払った。
（2）徳島商店は，高松商店から売掛代金として¥400,000の松山商店振出しの約束手形を裏書譲渡された。
（3）徳島商店は，上記（2）の約束手形を銀行で割引き，割引料¥12,000を差引かれて，残額を当座預金に入金した。

3．次の取引について各商店の仕訳をしなさい。
（1）山口商店は，福山商店に¥500,000を貸し付け，同額の約束手形を受け取った。なお，利息¥20,000を差し引き，残額を小切手を振り出して支払った。
（2）山口商店は，上記（1）の約束手形の満期日が到来し，福山商店から現金で返済を受けた。

4．次の取引について仕訳をしなさい。
（1）新潟商店本店は，出雲商店から商品¥50,000を仕入れ，代金として新潟商店山陰支店を支払人とする自己宛為替手形を振り出して渡した。
（2）明石商店に対する売掛金を取立てするため，同店宛・自己受取りの為替手形¥80,000を振り出し，明石商店の引受けを得た。
（3）沖縄商店は，ハワイのホノルル商会より商品の注文を受け輸出契約を結んだ。商品代金は$5,000であり取引銀行で$4,000の荷為替を取り組んだ。その時の為替相場は1ドル＝120円であり，割引料¥30,000を差し引かれ手取金を当座預金とした。

5．次の受取手形記入帳および支払手形記入帳に記録された取引の仕訳をしなさい。

受取手形記入帳

| 令和○年 | | 摘　要 | 金　額 | 手形種類 | 手形番号 | 支払人 | 振出人または裏書人 | 振出日 | | 満期日 | | 支払場所 | てん末 | | |
|---|---|---|---|---|---|---|---|---|---|---|---|---|---|---|---|
| | | | | | | | | | | | | | 月 | 日 | 摘　要 |
| 4 | 1 | 売　上 | 100,000 | 約手 | 15 | 米子商店 | 米子商店 | 4 | 1 | 7 | 1 | ××銀行本店 | 7 | 1 | 入　金 |
| | 10 | 売掛金 | 200,000 | 為手 | 38 | 浜田商店 | 境港商店 | 4 | 10 | 8 | 10 | ××銀行××支店 | 4 | 15 | 裏書譲渡 |
| | 20 | 売掛金 | 150,000 | 約手 | 26 | 安来商店 | 倉吉商店 | 4 | 20 | 8 | 20 | ××銀行××支店 | | | |
| | 25 | 売　上 | 300,000 | 約手 | 32 | 津和野商店 | 津和野商店 | 4 | 25 | 6 | 25 | ××銀行本店 | 4 | 26 | 割　引（割引料¥6,000） |

支払手形記入帳

| 令和○年 | | 摘　要 | 金　額 | 手形種類 | 手形番号 | 受取人 | 振出人 | 振出日 | | 満期日 | | 支払場所 | てん末 | | |
|---|---|---|---|---|---|---|---|---|---|---|---|---|---|---|---|
| | | | | | | | | | | | | | 月 | 日 | 摘　要 |
| 4 | 5 | 仕　入 | 400,000 | 約手 | 18 | 日ノ丸商店 | 当　店 | 4 | 5 | 7 | 5 | ××銀行××支店 | 7 | 5 | 支　払 |
| | 15 | 仕　入 | 550,000 | 為手 | 20 | カスミ商店 | 当　店 | 4 | 15 | 7 | 15 | ××銀行本店 | 7 | 15 | 支　払 |
| | 30 | 買掛金 | 200,000 | 為手 | 46 | 八幡商店 | 東栄商店 | 4 | 30 | 8 | 30 | ××銀行××支店 | | | |

# 第7章　その他の債権債務

## 第1節　貸付金と借入金

　第三者へ金銭を貸し付けた場合，貸した側には債権が発生するので，資産勘定である貸付金勘定に借方記入します。また逆に第三者から金銭を借入れた場合，借りた側には債務が発生するので，負債勘定である借入金勘定に貸方記入します。

設例7－1

　仙台商店は弘前商店に現金¥800,000を貸し付け，借用証書を受け取った。

| 仙台商店 | （借）貸　付　金 | 800,000 | （貸）現　　　　金 | 800,000 |
| 弘前商店 | （借）現　　　　金 | 800,000 | （貸）借　入　金 | 800,000 |

　金銭の貸し借りに際しては，通常，**借用証書**を作成します。借用証書とは，借りた側が貸した側のために作成する証書で，債務の存在を証すために作成されます。借用証書は債権として譲渡が可能です。貸し付けや借り入れの際，通常は有利子で行われるので，貸した側には受取利息（収益）が，借りた側には支払利息（費用）が生じます。

設例7－2

　仙台商店は弘前商店から貸付金¥800,000の返済を受け，利息¥10,000とともに同商事振出しの小切手で受け取った。

| 仙台商店 | （借）現　　　　金 | 810,000 | （貸）貸　付　金 | 800,000 |
| | | | 受　取　利　息 | 10,000 |
| 弘前商店 | （借）借　入　金 | 800,000 | （貸）当　座　預　金 | 810,000 |
| | 支　払　利　息 | 10,000 | | |

## 第2節　前払金（前渡金）と前受金

　商品売買における代金決済として，現金・小切手による決済や掛取引での決済，さらには手形による決済を学習し，その際の簿記処理を学習してきました。これらの取引の特徴は，商品受け渡しが先行して，その後に代金決済や掛の認識，手形の振り出しが後続するところにあります。しかしこうした取引とは逆に，商品代金の全部または一部の決済が先に行われ，その後に商品の受け渡し

が行われることもあります。このような場合の簿記処理を考えてみましょう。

　商品の買い手が商品の引取に先立って代金の一部を支払った場合，この支払額を**内金**と呼びます。このとき商品の買い手が支払った内金は，資産勘定である前払金（前渡金）勘定に借記し，資産が増加したことを記録します。また逆に売り手は，商品の受け渡しをせずに代金の一部を受け取ったために，内金の受け取りを債務の増加と考え，負債勘定である前受金勘定に貸記し，負債増加を記録します。なお前払金勘定は商品の購入のほかに，原材料や貯蔵品の購入においても用いられます。

　また内金と手付金は厳密には異なり，買い手が買取りを拒み，商品受け渡しが成立しない場合でも，買い手側がこれを手付金として支払っていれば，その額は買い手に返還されません。このような性質の違いから**手付金**を支払っている場合は，買い手側はその額を資産勘定である**支払手付金**勘定に記録します。逆に，売り手側が手付金を受け取っているにもかかわらず，買い手側に注文した商品の引き渡しを拒んだ場合，売り手側は買い手側に違約金を支払う商慣行があります。

### 設例7－3

　仙台商店は，山口商店に対し商品¥300,000を注文した。その際，仙台商店は内金として¥100,000を山口商店に現金払いしており，これを山口商店は受け取っている。

| | | | | | | | |
|---|---|---|---|---|---|---|---|
| 仙台商店 | （借）前　払　金 | 100,000 | （貸）現　　　　金 | 100,000 |
| 山口商店 | （借）現　　　　金 | 100,000 | （貸）前　受　金 | 100,000 |

### 設例7－4

　仙台商店は，注文していた上記商品¥300,000を山口商店から受け取り，内金を差し引いた残額を掛けとした。

| | | | | | | | |
|---|---|---|---|---|---|---|---|
| 仙台商店 | （借）仕　　　　入 | 300,000 | （貸）前　払　金 | 100,000 |
| | | | 買　掛　金 | 200,000 |
| 山口商店 | （借）前　受　金 | 100,000 | （貸）売　　　　上 | 300,000 |
| | 売　掛　金 | 200,000 | | |

## 第3節　未収金と未払金

　商品売買において，商品の受け渡しが済んでいるにもかかわらず代金決済が未了の場合，掛を認識することは既に学習しました。しかし株式などの有価証券，建物，備品，消耗品といった商品以外の資産の売却・購入の際に代金決済が未了となった場合，売掛金勘定や買掛金勘定で記録しません。その代わりに用いられるのが未収金勘定（資産勘定）と未払金勘定（負債勘定）です。

　代金決済が未了であるという意味では，未収金勘定と売掛金勘定，未払金勘定と買掛金勘定は同じです。しかしこれらを別々に取り扱う必要があるのは，財務会計の役割の中に経営管理目的があり，主たる営業活動で継続的な取引から生じる債権債務と，そうでないものとを区別し，明瞭に表示するためです。このため代金決済が未了であっても，商品売買において生じる代金の未決済は売

掛金・買掛金勘定を用いますが，他方，商品売買以外の取引で生じる代金未決済は未収金・未払金勘定を用います。

## 設例 7 － 5

仙台商店は，山口商店から中古で営業用車両を買い入れ，代金¥980,000のうち¥400,000は小切手を振り出して支払い，残額は月末に支払うこととした。なお仙台商店および山口商店はともに自動車販売業者ではない。

| | | | | | | | |
|---|---|---|---|---|---|---|---|
| 仙台商店 | （借）車両運搬具 | 980,000 | （貸）当 座 預 金 | 400,000 |
| | | | 未 払 金 | 580,000 |
| 山口商店 | （借）現 金 | 400,000 | （貸）車 両 運 搬 具 | 980,000 |
| | 未 収 金 | 580,000 | | |

## 設例 7 － 6

月末が到来したため，仙台商店は上記中古営業用車両の代金について残額を小切手を振り出し山口商店に支払った。

| | | | | | |
|---|---|---|---|---|---|
| 仙台商店 | （借）未 払 金 | 580,000 | （貸）当 座 預 金 | 580,000 |
| 山口商店 | （借）現 金 | 580,000 | （貸）未 収 金 | 580,000 |

# 第4節　立替金と預り金

本来企業の債務ではなく，取引先や従業員のための債務を一時的に立て替え払いすることがあります。このような場合，立て替えた企業は取引先や従業員に対して債権を有することになるので，資産勘定である立替金勘定に借記します。また企業が取引先や従業員から現金などを一時的に預かることがあります。このような場合，預かった金額は企業のお金ではないので，負債勘定である預り金勘定に貸記します。

ところで立替金・預り金は，共に誰への立て替えであるのか，あるいは誰からの預かりであるのかによって種類ごとに勘定科目を別個に設けるのが通例です。たとえば従業員への立て替え・預かりについては従業員立替金勘定や従業員預り金勘定を用います。

## 設例 7 － 7

山口商店は，取引先である札幌商店から，自社の従業員が私用で使うパソコンの購入代金¥150,000を立て替え，小切手を振り出して支払った。

| | | | | | |
|---|---|---|---|---|---|
| 山口商店 | （借）従業員立替金 | 150,000 | （貸）当 座 預 金 | 150,000 |
| 札幌商店 | （借）現 金 | 150,000 | （貸）売 上 | 150,000 |

従業員預り金勘定に関する会計処理としての典型例は，従業員への給料支払いの際に**源泉徴収**さ

れる所得税や健康保険料の従業員負担分の預かりを記録する取引があげられます。従業員が納めるべき所得税は，源泉徴収義務者である企業が翌月10日までに個々の従業員に代わって税務署にまとめて納付します。この場合，各従業員に代わって納付する所得税額を記録しておく勘定が所得税預り金勘定です。また健康保険料の預かりについては社会保険料預り金勘定を用います。

### 設例 7 － 8

山口商店は，今月分の従業員の給料¥800,000から，所得税の源泉徴収額¥30,000と健康保険料¥80,000，および立替払いした私用パソコンの購入代金を差し引いて，残額を現金で支払った。

| （借）給　　　　料 | 800,000 | （貸）従業員立替金 | 150,000 |
|---|---|---|---|
| | | 所得税預り金 | 30,000 |
| | | 社会保険料預り金 | 80,000 |
| | | 現　　　　金 | 540,000 |

### 設例 7 － 9

山口商店は，上記従業員の所得税預り金を翌月10日に税務署に現金で納付した。

| （借）所得税預り金 | 30,000 | （貸）現　　　　金 | 30,000 |
|---|---|---|---|

なお，個人企業の経営者自身が納める所得税は事業所得を計算することで求められますが、それらの計算については本書第15章を参照してください。

## 第 5 節　仮払金と仮受金

企業における取引の中には，現金などの収入または支出が実際にあったものの，その収入または支出がいかなる目的でなされたのか不明である場合や金額そのものが確定しない場合があります。そのような収入や支出は，いずれそれらの目的や金額を明らかにしなければなりませんが，その間，一時的な勘定科目として仮払金勘定（資産勘定）または仮受金勘定（負債勘定）で記録します。

企業が計上する仮払金の典型例として，出張前に従業員に渡す旅費概算額があげられます。出張前に従業員へ与えた概算額は仮払金として処理されますが，従業員の帰店後に正確な旅費が報告されることで精算されます。

### 設例 7 － 10

仙台商店は従業員の出張に際し，旅費の概算額として¥120,000を現金で渡した。また同店の当座預金に¥600,000が振り込まれたが，その内容が不明である。

| （借）仮　払　金 | 120,000 | （貸）現　　　　金 | 120,000 |
|---|---|---|---|
| （借）当　座　預　金 | 600,000 | （貸）仮　受　金 | 600,000 |

設例 7 −11

　従業員が本日出張から戻り，旅費合計が¥108,000であったとの報告を受け，旅費概算額のうち，残額¥12,000について返金を受けた。またこの出張中に振り込まれた不明の¥600,000は，得意先・東京商店からの売掛金回収であると報告された。

　　　　（借）現　　　　金　　　12,000　　　（貸）仮　払　金　　　120,000
　　　　　　　旅　　　　費　　　108,000
　　　　　　　仮　受　金　　　600,000　　　　　売　掛　金　　　600,000

## 第 6 節　受取商品券

　商品の売上げで商品券を受け取った場合は債権の受取りとなるので，受取商品券勘定（資産勘定）に借記します。

設例 7 −12

　札幌商店は商品¥40,000を売り渡し，代金は商品券¥10,000と残額は現金で受け取った。

　　　　（借）受取商品券　　　10,000　　　（貸）売　　　上　　　40,000
　　　　　　　現　　　　金　　　30,000

## 第 7 節　未決算項目（火災や盗難など）

　建物が火災により焼失した場合や備品や商品が盗難に遭う場合を想定し，企業は各種の保険に加入します。そして実際に火災や盗難が発生した後，一定の手続きを経て保険金を獲得しますが，被害額を上回る保険金支払いがされた場合，収益勘定である「保険差益」勘定に貸記します。

　しかし実際には火災等の発生後，被害額の見積もり，確定から保険金支払いまでの間に相当の時間が費やされます。このため一時的に「未決算」勘定で簿記処理をしておき，保険金確定に備えることになります。そこで盗難が発生した沖縄商店の取引例をみてみましょう。

設例 7 −13

　沖縄商店は，期首において保有する備品（未償却残高¥450,000）について盗難にあった。この備品には¥900,000の保険が付されている。

　　　　（借）盗難未決算　　　450,000　　　（貸）備　　　品　　　450,000

設例 7 −14

　上記の盗難に関して保険金¥700,000の支払が決定した。

　　　　（借）未　収　金　　　700,000　　　（貸）盗難未決算　　　450,000
　　　　　　　　　　　　　　　　　　　　　　　　保　険　差　益　　　250,000

なお火災などの災害によって破損・滅失した資産について，保険金が被害額を下回る場合や保険未加入の場合は，帳簿価額を費用勘定の災害損失勘定に借記します。

## 第8節　差入保証金

会社が店舗を確保する際，不動産を購入するのではなく，家賃やテナント料を支払う場合もあります。その際，賃貸借契約において契約の履行を担保するために差し入れる現金を差入保証金と言い，差し入れた側の会計処理は資産勘定として認識します。逆に保証金を担保として受け取る側は預り保証金となり，負債勘定です。同じ資産勘定でも前払金（前渡金）と差入保証金の違いは，前者は商品取引において用いられる勘定科目ですが，差入保証金は商品取引において用いられません。次の設例では所得税法能力検定試験でほぼ毎回出題される不動産収入に関する会計処理を取り上げています。

### 設例 7 - 15

札幌不動産は本年3月にアパート（貸与室数4）を取得し，同月からその貸付けを行っている。当該アパートにかかる収入について下記の①～③の通りであるが，12月末日の決算日現在，一切の会計処理を行っていないことを踏まえ，仕訳を起こしなさい。

　　① 権利金収入　　　　　　　　　　　¥220,000
　　② 敷金収入　　　　　　　　　　　　¥440,000
　　　　敷金収入は山口地所との契約に基づいており，原則として契約終了時に返還するものである。
　　③ 家賃収入　　　　　　　　　　　　¥2,145,000
　　　　上記のほか，本年12月分¥55,000が年末現在未収となっている。

札幌不動産　（借）現　　　　金　2,805,000　　（貸）売　　　　上　2,420,000
　　　　　　　　　未　収　金　　　55,000　　　　　預り保証金　　440,000

因みに預り保証金を支払った側（山口地所）の仕訳は次の通りとなります。

山口地所　　（借）差入保証金　　440,000　　（貸）現　　　　金　440,000

### 設例 7 - 16

前問を踏まえ，上記の賃貸借契約のうち②に関して一部解除されることとなった。そのため敷金¥77,500の返還を行うが，返還に先立ち修繕費¥69,000を支払っている。札幌不動産と山口地所双方の仕訳を起こしなさい。

| 札幌不動産 | （借）立　替　金 | 69,000 | （貸）現　　　　金 | 69,000 |
| | （借）預り保証金 | 77,500 | （貸）現　　　　金 | 8,500 |
| | | | 立　替　金 | 69,000 |
| | | | | |
| 山口地所 | （借）現　　　　金 | 8,500 | （貸）差入保証金 | 77,500 |
| | 修　繕　費 | 69,000 | | |

**練習問題**

　次の取引に関する仕訳を答えなさい。

1．商品陳列台を¥300,000で買い入れ，代金は月末に支払う約束とした。

2．城間商店へ商品¥150,000を注文し，内金として¥50,000を現金で支払った。

3．出張から帰った従業員から出張の報告を受けた。その結果，概算払いの出張旅費として渡した¥180,000では不足が生じており，¥30,000を当該従業員が立て替えている。なお不足分については，後日，給料と共に支払うことにしている。

4．兼田商店は火災により建物（帳簿価額¥2,000,000）を焼失したが保険に未加入であった。焼失した建物は資産価値が無い。

# 第8章　有価証券

　一般に有価証券とは，財産的価値を表彰する証券のことを言い，貨幣証券（銀行券，手形，小切手など），物品証券（船荷証券，倉庫証券など），資本証券（株式，公社債など），その他証券（商品券，図書券など）に分類されています。これら私法上の有価証券のうち，簿記上の有価証券として扱われるものは資本証券（株式，公社債など）になります。資本証券とは，収益および資本に対する請求権を表彰する証券のことで，国債証券・地方債証券・社債券などの確定収益証券（発行時の契約に基づいて，定期的に予め定められた一定額の利子を受け取り，満期には，額面金額で償還金を受け取ることのできるもの）や，株券・出資証券・投資信託受益証券などの不確定収益証券（先方の業績に応じて利益の配当がなされるもの）があります。ここでは簿記上の有価証券（株式，公社債）の記帳方法や評価方法について説明します。

## 第1節　有価証券の購入

### 1．取得原価の計算

　有価証券の取得原価は，取得に要した支出額となります。一般に有価証券（株式，公社債）は証券会社などで購入することとなるため，仲介手数料（売買手数料）を要することとなります。そのため有価証券の取得原価は次の計算式のように，購入代価（単価に株数または口数を乗じた額）に**付随費用**（仲介手数料，売買手数料）を加算した額となります。なお，同一銘柄を異なる価格で購入した場合には，平均原価法（移動平均法または総平均法）により単価を計算していきます。

$$取得原価　＝　購入代価　＋　付随費用$$

### 2．有価証券の分類

　有価証券を取得した場合の勘定科目は，有価証券の保有目的に応じて異なります。この理由は，期末に行う有価証券の評価処理（第5節）において，保有目的に応じた異なる方法が適用されるためです。

#### (1) 短期売買目的

　有価証券（株式，公社債）を，時価の変動により利益を得ることを目的として保有した場合には，**売買目的有価証券**（資産勘定）を増加させる仕訳（借方記入）をします。具体的に，銀行や保険会社等の金融機関におけるトレーディング目的（同一銘柄に対して相当程度の反復的な購入と売却から利益を上げる目的）で保有される有価証券などがあります。

設例 8 − 1

　札幌商店は東京商店の株式を売買目的で100株（@¥48）購入した。代金は売買手数料¥200とともに現金で支払った。

　　　　（借）売買目的有価証券　　　5,000　　　　　（貸）現　　　　　　　金　　5,000

（2）満期保有目的（公社債）

　有価証券のうち公社債について，満期まで所有する意図を持って保有した場合には，**満期保有目的債券**（資産勘定）を増加させる仕訳（借方記入）をします。

設例 8 − 2

　札幌商店は東京商店の社債を満期保有目的で購入した。なお，社債の額面総額は¥5,000，買入単価は額面¥100につき¥96であった。代金は，売買手数料¥200とともに現金で支払った。

　　　　（借）満期保有目的債券　　　5,000　　　　　（貸）現　　　　　　　金　　5,000

（3）支配目的（株式）

　有価証券のうち株式について，子会社の要件を満たすように，他社を支配する目的で保有した場合には，**子会社株式**（資産勘定）を増加させる仕訳（借方記入）をします。一般的に株式は購入数に応じて，株主総会での議決権を有することとなります。議決権の50％超えを保有すると，その企業の意思決定を支配することができるようになります。また，議決権が40％以上50％以下の保有にとどまる場合でも，一定の要件（相手企業の取締役会の過半数を自社の役員が占めているなど）を満たす場合であれば，同様に実質上他社の意思決定を支配することができるようになります。これらの場合に，支配会社のことを親会社，被支配会社のことを子会社と言います。なお，自社の子会社が50％超えを保有する会社も，自社にとって子会社となります。同様に自社で50％超えを保有していなくとも，自社の子会社とあわせて結果的に50％超えを保有することとなる会社も，自社にとって子会社となります。

設例 8 − 3

　札幌商店は小樽商店を子会社とする目的で株式を100株(@¥48)購入した。代金は売買手数料¥200とともに現金で支払った。

　　　　（借）子 会 社 株 式　　　5,000　　　　　（貸）現　　　　　　　金　　5,000

　親会社・子会社間のように，他社の意思決定を支配するまではいかなくとも，議決権の20％以上を保有する場合や，議決権が15％以上20％未満の保有にとどまる場合でも，一定の要件（相手企業の取締役に自社の取締役等が就いているなど）を満たす場合には，会社の財務・営業・事業方針の決定などに対して重要な影響を与えることはできる関係にあります。これらの場合に，相手企業のことを関連会社と言います。

そして，関連会社の要件を満たすように，他社の意思決定に影響を及ぼす目的で株式を保有した場合には，**関連会社株式**（資産勘定）を増加させる仕訳（借方記入）をします。

**設例8－4**

札幌商店は帯広商店を関連会社とする目的で株式を100株（@¥48）購入した。代金は売買手数料¥200とともに現金で支払った。

　　　　　（借）関 連 会 社 株 式　　5,000　　　　（貸）現　　　　　　金　　5,000

**（4）その他の目的**

有価証券（株式，公社債）を，長期的な時価の変動により利益を得ることを目的としたり，政策投資株式や持ち合い株式のように業務提携を目的として保有した場合には，**その他有価証券**（資産勘定）を増加させる仕訳（借方記入）をします。

**設例8－5**

札幌商店は北海道商店の株式を長期保有目的で100株（@¥48）購入した。代金は売買手数料¥200とともに現金で支払った。

　　　　　（借）そ の 他 有 価 証 券　　5,000　　　　（貸）現　　　　　　金　　5,000

このように有価証券を保有した場合には，保有目的に応じて異なる勘定科目で仕訳をします。ただし，貸借対照表上に表示する場合には更に異なる表示科目を用います。具体的に，売買目的有価証券および1年以内に満期が到来する公社債については，**有価証券**（流動資産の部）と表示します。子会社株式および関連会社株式については，**関係会社株式**（固定資産の部）と表示します（なお子会社株式のみを独立表示することも認められています）。その他の有価証券については，**投資有価証券**（固定資産の部）と表示します。

## 第2節　有価証券の売却

有価証券を売却したときは，保有していた有価証券を減少させる仕訳（貸方記入）をし，売却損益（帳簿価額と売却価額との差額）を発生させる仕訳をします。帳簿価額よりも高い価額で売却した場合は，有価証券売却益（収益勘定）を発生させる仕訳（貸方記入）をし，帳簿価額よりも低い価額で売却した場合は，有価証券売却損（費用勘定）を発生させる仕訳（借方記入）をします。

**設例8－6**

かねてより売買目的で保有していた東京商店の株式100株(@¥50)を@¥60で売却し，代金は現金で受け取った。

（借）現　　　　　金　　6,000　　　（貸）売買目的有価証券　　5,000
　　　　　　　　　　　　　　　　　　　　　　　有価証券売却益　　　1,000

## 設例 8 － 7

　かねてより売買目的で保有していた東京商店の社債50口を額面¥100につき¥96で売却し，代金
は現金で受け取った。なお売却した社債は，額面総額¥5,000，買入単価は額面¥100につき¥98で
あった。

　　　（借）現　　　　　金　　4,800　　　（貸）売買目的有価証券　　4,900
　　　　　　有価証券売却損　　　100

## 設例 8 － 8

　かねてより売買目的で保有していた東京商店の株式150株のうち100株を@¥60で売却し，代金は
現金で受け取った。なお，保有していた東京商店の株式は，はじめに120株を@¥50で購入し，の
ちに30株を@¥65で購入したものである。

　　　（借）現　　　　　金　　6,000　　　（貸）売買目的有価証券　　5,300
　　　　　　　　　　　　　　　　　　　　　　　有価証券売却益　　　　700

＊　有価証券について，同一銘柄を異なる価格で購入した場合には，平均原価法（移動平均法または総平均
　　法）により単価を計算していきます。

$$平均単価 = \frac{（120株 \times @¥50） + （30株 \times @¥65）}{120株 + 30株} = @¥53, \qquad 売却原価 = 100株 \times @¥53 = ¥5,300$$

# 第3節　配当・利息の受け取り

## 1．株式の配当の受け取り

　株式を保有すると，株主として株式の発行会社より剰余金の配当を受けることができます。保有
する株式について配当を受け取った場合，受取配当金（収益勘定）を発生させる仕訳（貸方記入）
をします。

## 設例 8 － 9

　かねてより保有していた東京商店の株式100株について，同社から1株当たり¥5の配当を得る
こととなり当座預金に振り込まれた。

　　　（借）当　座　預　金　　500　　　（貸）受　取　配　当　金　　500

## 2．公社債の利息の受け取り

　公社債を保有すると，公社債の発行者より一定期間ごとにあらかじめ定められた利息を受けるこ
とができます。保有する公社債について利息を受け取った場合，有価証券利息（収益勘定）を発生

させる仕訳（貸方記入）をします。

### 設例 8 - 10

かねてより保有していた東京商店の社債50口（額面金額￥5,000，帳簿価額￥4,000）についての利息が，利払日に当座預金に振り込まれた。社債の利息は，年利率２％，利払日は９月末と３月末の年２回である。

  （借）当　座　預　金  50   （貸）有 価 証 券 利 息  50

### ３．公社債の売買と端数利息の受け払い

一般に公社債の売買が利払日と利払日の間で行われる場合は，端数利息（経過利息）の授受があわせて行われます。端数利息（経過利息）は，前回の利払日の翌日から売買日までの利息のことをいい，つぎのように日割計算します。

$$端数利息 \ = \ 額面金額 \times 年利率 \times \frac{前利払日の翌日から売買日までの日数}{365日}$$

公社債を利払日と利払日の間で売却した場合，売主の保有期間に相当する利息は，売買日直後の利払日に，買主が公社債の発行者から受け取ることになります。そのため売主は，売却した時点で，売買日直前の利払日の翌日から売買日までの端数利息を，買主より立て替えて受け取ります。

### 設例 8 - 11

２月23日に，札幌商店はかねてより売買目的で保有していた東京商店の社債50口を額面￥100につき￥96で売却し，代金は端数利息とともに現金で受け取った。なお売却した社債は，額面総額￥5,000であり，買入単価は額面￥100につき￥98，年利率２％，利払日は９月末と３月末の年２回であった。端数利息は１年を365日として日割計算する。

  （借）現    金 4,840  （貸）売 買 目 的 有 価 証 券 4,900
    有 価 証 券 売 却 損  100    有 価 証 券 利 息  40

  ※ 端数利息＝￥5,000×２％×$\dfrac{31日＋30日＋31日＋31日＋23日}{365日}$ ＝ ￥40

公社債を利払日と利払日の間で購入した場合，売買日直後の利払日において，買主が公社債の発行者から受取る利息には，売主の保有期間に相当する利息が含まれています。そのため買主は，購入した時点で，売買日直前の利払日の翌日から売買日までの端数利息を，売主に対して立て替えて支払います。

### 設例 8 - 12

６月12日に，札幌商店は東京商店の社債を売買目的で購入した。社債額面総額は￥5,000であり，

買入単価は額面￥100につき￥96であった。代金は，売買手数料￥200と端数利息とともに現金で支払った。なおこの社債は年利率2％，利払日は9月末と3月末の年2回であり，端数利息は1年を365日として日割計算する。

（借）売買目的有価証券 　　5,000 　　　　　（貸）現 　　　　　金 　　5,020
　　　有価証券利息 　　　　　　20

　　※ 　端数利息＝￥5,000×2％× $\dfrac{30日＋31日＋12日}{365日}$ ＝￥20

## 第4節　有価証券の差入・保管，貸借

　企業では営業の必要上，担保や差入保証金の代用，あるいは使用料収入を得ることを目的として，保有する有価証券を差し入れたり，貸し付けたりすることがあります。商業簿記では，所有権の移転するものは簿記上の取引として記帳し，移転しないものは簿記上の取引ではないとして補助簿への備忘記録にとどめることが原則ですが，有価証券の差入・保管，貸借については所有権の移転の有無にかかわらず簿記上の取引として主要簿に記帳することとしています。

### 1．有価証券の差入・保管

　借入金などの金銭貸借の担保などとして，保有する有価証券を差し入れた場合，差し入れた側（金銭の借手側）では，所有権は移転しませんが，占有権は移転するためその事実を主要簿や補助簿などに備忘的に記帳をします。具体的には，保有していた有価証券を減少させる仕訳（貸方記入）をし，将来返還を受けうる権利の備忘記録として簿価をもって差入有価証券（資産勘定）を増加させる振替仕訳（借方記入）をします。

設例8－13
　札幌商店は，北海道商店へ営業保証金として，保有していた満期保有目的の社債（小樽商店発行，額面金額￥5,000，簿価￥4,800，時価￥4,900）を差し入れた。
　　　（借）差入有価証券 　　4,800 　　　　　（貸）満期保有目的債券 　　4,800

　これに対して有価証券を担保などとして預かった側（金銭の貸手側）では，自ら保有する有価証券と区別するために，対照的備忘勘定を用いて記帳します。具体的には，時価をもって保管有価証券（資産勘定）を増加させる仕訳（借方記入）と，あわせて返還義務を記録するために預り有価証券（負債勘定）を増加させる仕訳（貸方記入）をします。

設例8－14
　北海道商店は，札幌商店より営業保証金として，社債（小樽商店発行，額面金額￥5,000，時価￥4,900）を預かった。

　　　　　（借）保 管 有 価 証 券　　4,900　　　　　（貸）預 り 有 価 証 券　　4,900

## 2．有価証券の貸借

　保有する有価証券を貸借した場合，貸し付けた側は，保有していた有価証券を減少させる仕訳（貸方記入）をし，将来返還を受けうる権利の備忘記録として簿価をもって貸付有価証券（資産勘定）を増加させる振替仕訳（借方記入）をします。

### 設例 8 − 15

　札幌商店は，帯広商店へ，保有していた満期保有目的の社債（小樽商店発行，額面金額¥5,000，簿価¥4,800，時価¥4,900）を貸し付けた。

　　　　　（借）貸 付 有 価 証 券　　4,800　　　　　（貸）満期保有目的債券　　4,800

　これに対して有価証券を借り入れた側は，自ら保有する有価証券と区別するために，時価をもって保管有価証券（資産勘定）を増加させる仕訳（借方記入）をし，あわせて返還義務を記録するために借入有価証券（負債勘定）を増加させる仕訳（貸方記入）をします。

### 設例 8 − 16

　帯広商店は，札幌商店より社債（小樽商店発行，額面金額¥5,000，時価¥4,900）を借り入れた。

　　　　　（借）保 管 有 価 証 券　　4,900　　　　　（貸）借 入 有 価 証 券　　4,900

# 第 5 節　有価証券の期末評価

　一般に有価証券（株式，公社債）の価額は日々変動しているため，企業が有価証券を購入した時点での価額と，決算日時点での価額とが異なっている場合が多いです。有価証券は，一般的には市場が存在すること等により，客観的な価額としての時価を把握できるとともに，当該価額により換金・決済等を行うことが可能であるため，決算日において基本的に時価評価することとされています。時価による自由な換金・決済等が可能な有価証券については，投資情報としても，企業の財務認識としても，更に，国際的調和化の観点からも，これを時価評価し，適切に財務諸表に反映することが必要であると考えられています。しかし有価証券はつねに営業活動で生じた余剰資金を短期的に運用するために保有されるだけではなく，営業活動の一貫で事業資産として保有される場合もあります。前者の場合の評価方法は，有価証券投資それ自体の収益性をもとに評価されるべきとされていますが，後者の場合には，有価証券の保有活動単独の収益性でなく，営業活動全体の収益性をもとに評価されるべきとされています。このように有価証券には，時価評価が適切でないものもあり，保有目的に応じて異なる評価方法が定められています。

(1) 短期売買目的

　売買目的有価証券については，投資者（財務諸表利用者）にとっての有用な情報は，有価証券の期末時点での時価に求められると考えられるため，帳簿価額（貸借対照表価額）は，時価で評価します。そして，取得原価と時価の差である評価差額を，当期の損益に計上します。評価差額を当期の損益として処理する理由は，売買目的有価証券については，売却することについて事業遂行上等の制約がなく，時価の変動にあたる評価差額が，企業にとっての財務活動の成果と考えられるためです。また，売買目的有価証券は，時価の変動により利益を期待して保有されており，売却することについて事業遂行上等の制約がないため，時価の変動が生じた時点で，事前の期待が事実として確定し，投資のリスクから解放されたこととなるとも考えられるためです。

　具体的に，取得原価より時価が高い場合には，取得原価と時価の差である評価差額について，売買目的有価証券（資産勘定）を増加させる仕訳（借方記入）と，有価証券評価益（収益勘定）を発生させる仕訳（貸方記入）をします。

設例8－17（決算整理仕訳）
　売買目的で保有していた東京商店の株式100株（取得原価@￥50））について，決算日の時価は@￥55である。

　　　　（借）売買目的有価証券　　　　500　　　　　（貸）有価証券評価益　　　　500

　取得原価より時価が低い場合には，取得原価と時価の差である評価差額について，売買目的有価証券（資産勘定）を減少させる仕訳（貸方記入）と，有価証券評価損（費用勘定）を発生させる仕訳（借方記入）をします。

設例8－18（決算整理仕訳）
　売買目的で保有していた東京商店の株式100株（取得原価@￥50）について，決算日の時価は@￥45である。

　　　　（借）有価証券評価損　　　　500　　　　　（貸）売買目的有価証券　　　　500

　売買目的有価証券については，期末において時価への評価替えを行った翌期首に，再振替仕訳（決算整理仕訳の逆仕訳）を行って，帳簿価額を前期末の時価から取得原価に戻す経理処理があり，これを**洗替方式**と呼んでいます。これに対して翌期首に，再振替仕訳を行わず，前期末の時価を帳簿価額とする経理処理を**切放方式**と呼んでいます。売買目的有価証券については，切放方式が適していますが，いずれの経理処理も認められています。

設例8－19（再振替仕訳）
　設例8－17の会計処理について洗替方式を適用した場合の翌期首における仕訳を示しなさい。

　　　　（借）有価証券評価益　　　　500　　　　　（貸）売買目的有価証券　　　　500

設例 8 −20（再振替仕訳）

設例 8 −17の会計処理について切放方式を適用した場合の翌期首における仕訳を示しなさい。

（　仕　訳　な　し　）

なお，売買目的有価証券については，受取配当金・有価証券利息・有価証券売却益（有価証券売却損）・有価証券評価益（有価証券評価損）の各勘定科目を，まとめて有価証券運用損益として処理することも認められています。

### (2) 満期保有目的（公社債）

満期保有目的債券については，時価が算定できるものであっても，その保有目的は，満期まで保有することによる約定利息と元本の受け取りを目的としており，取得した時点で満期までの成果が確定しています。すなわち，満期までの投資の成果は，毎期の利息収入に取得原価と債券金額（償還金額）との差（取得時のプレミアムまたはディスカウント）を加減した大きさになります。そのため，支払不能（デフォルト）リスクを除くと，満期までの間の金利変動による価格変動のリスクを認める必要がありません。

これらのことから満期保有目的債券については，債券を債券金額よりも低い価額（または高い価額）で取得した場合において，取得原価と債券金額との差額（償還差額）の性格が（表面利率と市場利子率との）金利の調整と認められるときは，**償却原価法**に基づいて算定された価額をもって帳簿価額（貸借対照表価額)とします。

具体的に，債券を債券金額よりも低い価額で取得した場合には，金利調整差額を取得日から償還日に至るまで毎期均等（定額法）に帳簿価額（貸借対照表価額)に加算し，満期保有目的債券（資産勘定）を増加させる仕訳（借方記入）をします。償却原価法により取得原価に加減する金額の性格は，利息に他ならないため，加算額について有価証券利息（収益勘定）を発生させる仕訳（貸方記入）をします。

$$当期償却額　＝（債券金額－取得原価）× \frac{当期所有月数}{取得日から償還日までの月数}$$

### 設例 8 −21（決算整理仕訳）

当期首である令和3年4月1日より保有している東京商店の社債50口は，額面¥100につき¥94で取得し，満期保有目的債券として処理している。なお社債の額面総額は¥5,000，満期日は令和6年3月31日，年利率2％，利払日は9月末と3月末の年2回，取得原価と債券金額との差額の性格が金利の調整と認められるため償却原価法（定額法）により評価する。

（借）満期保有目的債券　　　100　　　（貸）有価証券利息　　　100

$$※　当期償却額＝（¥5,000－¥4,700）× \frac{12ヶ月}{36ヶ月}＝¥100$$

なお，債券を債券金額よりも低い価額で取得した場合に生じるディスカウント分の償却を**アキュ**

ムレーション，債券金額よりも高い価額で取得した場合に生じるプレミアム分の償却を**アモチゼーション**とも呼びます。また償却方法には，定額法のほかに，各期首の債券簿価に毎期一定率を乗じた額を償却額とする**利息法**などの方法もあります。

### （3）支配目的（株式）

　子会社株式は，他社を支配するという意味で事業投資と同じ目的で保有するものであり，関連会社株式は，他企業への影響力の行使を目的として保有するものです。いずれも時価の変動を財務活動の成果と捉える必要性がないことから，帳簿価額（貸借対照表価額）は，取得原価で評価します。

### 設例 8 −22（決算整理仕訳）

　かねてより支配目的で保有している小樽商店の株式（取得原価￥5,000）について，決算日における時価は￥5,500である。

（　仕　訳　な　し　）

### （4）その他の目的

　その他有価証券については，投資者（財務諸表利用者）にとっての有用な情報は，有価証券の期末時点での時価に求められると考えられるため，売買目的有価証券と同じく，帳簿価額（貸借対照表価額）は，時価で評価します。ただし評価差額（取得原価と時価の差）については，売買目的有価証券のように当期の損益には計上せず，純資産の部に計上して繰り越します。この理由は，その他有価証券は長期保有や政策投資等を目的としていることから，事業遂行上等の必要性から直ちに売買・換金を行うことには制約を伴う要素もあり，評価差額を直ちに損益として処理することは適切でないと考えられるためです。

　具体的に，評価差益が生じる（取得原価より時価が高い）場合には，取得原価と時価の差である評価差額について，その他有価証券（資産勘定）を増加させる仕訳（借方記入）と，その他有価証券評価差額金（純資産勘定）を増加させる仕訳（貸方記入）をします。

### 設例 8 −23（決算整理仕訳）

　その他有価証券として保有していた東京商店の株式100株（取得原価＠￥50）について，決算日の時価は＠￥55である。

（借）その他有価証券　　　500　　　　　（貸）その他有価証券評価差額金　　　500

　これに対して評価差損が生じる（取得原価より時価が低い）場合には，取得原価と時価の差である評価差額について，その他有価証券（資産勘定）を減少させる仕訳（貸方記入）と，その他有価証券評価差額金（純資産勘定）を減少させる仕訳（借方記入）をします。

　このように評価差益または評価差損が発生した場合に，評価差額を純資産の部に計上する処理を**全部純資産直入法**と言います。これに対して，評価差損が発生した場合のみ損益に計上する処理を

部分純資産直入法と言います。部分純資産直入法は，企業会計上，保守主義の観点からこれまで認められていた低価法による評価の考え方が考慮されたことによる例外法とされています。

### 設例 8 −24（決算整理仕訳）

その他有価証券として保有していた東京商店の株式100株（取得原価@¥50）について，決算日の時価は@¥45である。なお全部純資産直入法により時価評価を行う。

（借）その他有価証券評価差額金　　500　　　　（貸）その他有価証券　　500

その他有価証券については洗替方式が適用され，期末において時価への評価替えを行った翌期首には，再振替仕訳（決算整理仕訳の逆仕訳）を行って，帳簿価額を取得原価に戻す経理処理を行います（その他有価証券について切放方式は認められていません）。

### 設例 8 −25（再振替仕訳）

設例 8 −23の会計処理について翌期首における仕訳を示しなさい。

（借）その他有価証券評価差額金　　500　　　　（貸）その他有価証券　　500

なお有価証券の期末評価についてはこの他に，市場価格のあるその他有価証券のうち，取得差額が金利の調整と認められる債券については，償却原価法を適用したうえで，償却原価と時価との差額を評価差額として処理します。また，市場価格のない（時価を把握することが極めて困難と認められる）その他有価証券については，公社債の場合は，取得原価または償却原価から貸倒見積高に基づいて算定された貸倒引当金を控除した価額により評価し，公社債以外の有価証券の場合は，取得原価により評価します。

練習問題

　資料に基づいて，解答欄の貸借対照表（一部）を完成させなさい。なお貸借対照表の表示科目として，売買目的有価証券には「有価証券」を，子会社株式には「子会社株式」を，その他の有価証券には「投資有価証券」を用いること。なお，会計期間は令和3年4月1日から令和4年3月31日までである。


（資料1）決算整理前残高試算表（一部）

決算整理前残高試算表

| | | | |
|---|---|---|---|
| 売買目的有価証券 | 50,000 | 有価証券利息 | 2,000 |
| 満期保有目的債券 | 97,000 | | |
| 子 会 社 株 式 | 20,000 | | |
| その他有価証券 | 60,000 | | |


（資料2）決算整理事項

| 銘柄 | 保有目的 | 取得原価 | 時価 | 備考 |
|---|---|---|---|---|
| A社株式 | 売買目的 | ¥50,000 | ¥ 48,000 | |
| B社社債 | 満期保有目的 | ¥97,000 | ¥110,000 | （注1） |
| C社株式 | 支配目的 | ¥20,000 | ¥ 25,000 | |
| D社株式 | 長期保有目的 | ¥60,000 | ¥ 62,000 | （注2） |

（注1）B社社債は，当期首に額面総額¥100,000を額面¥100につき¥97で購入したものである。償還日は令和6年3月31日。社債の利息は年利2％，利払日は9月末と3月末の年2回。取得原価と額面金額の差額はすべて金利調整差額と認められるため，償却原価法（定額法）を適用する。
（注2）全部純資産直入法を適用する。


貸 借 対 照 表

令和4年3月31日　　　　　　　　　　（単位：円）

| 資 産 の 部 | | 負 債 の 部 | |
|---|---|---|---|
| I　流動資産 | | … | |
| （　　　　　　）（　　　　　） | | 純 資 産 の 部 | |
| II　固定資産 | | … | |
| （　　　　　　）（　　　　　） | | II　評価・換算差額等 | |
| | | （　　　　　　）（　　　　　） | |
| （　　　　　　）（　　　　　） | | | |

# 第9章　固定資産

## 第1節　有形固定資産と減価償却

### 1．有形固定資産とは

　ここでの有形固定資産とは，有形でかつ固定（長期）の**資産**を指し，無形でなく流動資産でない資産です。流動か固定かを分ける境目は，１年以上にわたって長期で使い続ける資産です。かつ実体のある資産というと，土地や建物，機械や備品，営業用の車両などが該当します。これらの資産を取得したときは，この勘定科目を使って**借方**に仕訳します。

　建物の取得では，発注から引渡しまで１年以上を要することもあるでしょう。その場合，建築請負契約で手付けなどの一時金を支払う条件がつくことがあります。そこで用いる「建設仮勘定」という勘定科目は固定資産ですが，完成し引き渡しを受けたときに，「建物」勘定に**振り替え**ます。

### 2．有形固定資産の取得価額の計算

　土地や建物は，中古を含めて物件を購入する場合，登記の終了，つまり自己所有が法的に承認されるまでに要する諸費用をこの資産の帳簿価額に含めます。取得原価の原則と言いますが，前章の有価証券や商品購入の場合と同じ方法を用います。法務局に支払う登記の費用は書類に印紙を貼って支払いますが，その印紙代は「租税公課」では処理しません。また，不動産業者に支払う仲介手数料も「支払手数料」で処理しないで，有形固定資産の価額に含めます。

　車両についても使えるまでに，様々な諸費用が必要です。有形固定資産は，これが使える状態になるまでの支出すべてを，資産の価額に含めることが原則です。有形固定資産を購入・取得したときの借方の金額が取得価額ですが，以下の計算式となります。

　　　　　有形固定資産の取得価額＝購入対価＋手数料＋登記（録）料＋その他の諸費用

**設例9－1**

　① 北海道商店は，かねてより札幌不動産に取得を依頼していた土地の登記が完了した。この土地にかかわる購入対価￥5,000,000は小切手を振り出して支払い，登記等にかかわる諸費用￥300,000を現金で法務局に支払い，同不動産に支払う仲介手数料￥500,000と整地費用￥200,000などの**付随費用**は月末に支払うことにした。

|（借）土　　　　地|6,000,000|（貸）当　座　預　金|5,000,000|
|---|---|---|---|
| | |現　　　　　　金|300,000|
| | |未　　払　　金|700,000|

② 札幌商店は，営業用の軽トラックを小樽自動車販売株式会社より購入し引渡しを受けた。このトラックの車両本体価格は¥1,200,000で登録料などの諸費用¥300,000をあわせて，10回分割で支払うことにした。

|（借）車　　　　輌|1,500,000|（貸）未　　払　　金|1,500,000|
|---|---|---|---|

③ 北海道開発株式会社は，総額100,000千円の本社屋の建築を十勝建設に依頼し工事代金の一部（工事総額の2割）の小切手を振り出した。

|（借）建　設　仮　勘　定|20,000,000|（貸）当　座　預　金|20,000,000|
|---|---|---|---|

## 3．有形固定資産の減価

　有形固定資産は，その取得日から価値の減少が始まり，昨日，取得した車輌は今日，同額では売却できません。簿記・会計では，有形固定資産をいま売ったとしたら，いくらで売れるかを見積ることは要求されておらず，使用価値がどのくらい減少したかを決算時に見積ります。年次決算であれば12カ月分の，中間決算であれば6カ月分の，四半期決算であれば3カ月分の減価償却費を計上します。会計の基準によれば，「有形固定資産は，その取得原価を当該固定資産の耐用年数にわたり，一定の減価償却方法によって各事業年度に配分しなければならない」と規定していますが，さらに所定の減価償却の方法で，計画的・規則的に実施しなければならないとも言っています。

## 4．減価償却費の計算

　簿記における「所定の減価償却の方法」について，減価償却費という**費用**の計算をするためには，次の3つの要素，つまり①取得価額（取得原価），②耐用年数，③残存価額が必要です。この3つは問題文に与えられた数値・データを用います。残存価額とは，耐用年数後も使い続ける場合の帳簿価額で，取得価額の10％，あるいはゼロの場合もあります。これらの3要素を使い減価償却費の計算を行いますが，次に有形固定資産の使用期間を基にした計算方法を2つ紹介します。

## 5．定額法による減価償却

　定額法とは，有形固定資産の減価が一定額で起こる，ということを前提に計算する方法です。取得価額から残存価額を除いた要償却額（残存価額がゼロのときは，取得価額が要償却額になります）を耐用年数で割って計算します。定額法で計算された減価償却額は，耐用年数の全期間に渡って変わることがなく，以下のような計算式によりますが，残存価額がゼロのときは，取得価額を耐用年数で割るだけになります。

　　　　　　1年間の減価償却費 ＝（取得価額－残存価額）÷ 耐用年数

残存価額が取得価額の10％の時は，次の計算式を用いるのもよいかもしれません。

$$1年間の減価償却費 ＝ 取得価額 × 0.9 ÷ 耐用年数$$

### 6. 定率法による減価償却

定率法とは，毎年（毎期）の減価償却費を計算するときに，要償却額に一定率を掛けて計算する方法です。たとえば，年度当初に新規で購入した有形固定資産を定率法で償却すると，購入した初年度は，取得価額に償却率を掛けて計算します。次の年度（第2期目）は，取得価額から前年度の減価償却費を除いた金額が要償却額であり，この金額に償却率を掛けて計算します。耐用年数の間，償却率は，まったく変わりません。一定率を掛けていくので定率法と呼びます。

定率法による減価償却の特徴は，対象の固定資産が新しいときに多額の減価償却費を計上し，古くなれば減価償却費は少なくなります。定額法であっても定率法であっても，耐用年数が同じであれば累計の減価償却費は等しくなります。比較的早期に固定資産に投資した資金を回収したい場合には定率法を使うと有利ですが，減価の実態とは乖離します。

### 7. 生産高比例法による減価償却

生産高比例法とは，鉱山の掘削機械（鉱業用減価償却資産）の減価償却費を計算する場合のような，生産高が多ければ減価も多い，という考えで行う計算方法です。この方法を用いるための条件として，鉱業用資産の総利用可能量が物理的に確定できることもあげられます。あくまでもこの量は推定値ですが，合理的に推定ができれば，次の計算式で減価償却費を計算します。

$$1年間の減価償却費 ＝（取得価額－残存価額）× 当期の生産量 ÷ 見積り総生産高$$

## 第2節　減価償却費の計上と償却済み資産の売却

### 1. 減価償却費の計上にあたっての2つの処理法

定額法，定率法および生産高比例法により減価償却費の額を計算したので次は簿記処理です。決算時点で以下の仕訳をしますが，仕訳には2つのやり方があります。

| | | | | | |
|---|---|---|---|---|---|
| 直接法 | （借）減価償却費 | ××× | （貸）有形固定資産 | ××× |
| 間接法 | （借）減価償却費 | ××× | （貸）減価償却累計額 | ××× |

減価償却に関する簿記処理は費用発生の仕訳なので，**借方**は「減価償却費」の勘定を用いますが，貸方側に2つの異なる処理があります。上の直接法は，**貸方**の科目は「対象有形固定資産」の科目となります。たとえば機械の減価償却を行う場合は，「機械」という勘定科目を用います。貸方に資産の勘定で仕訳することは，この資産の帳簿価額を減額することを意味します。このような仕訳を有形固定資産の耐用年数まで行えば，最後には資産の残高は残存価額と等しくなります。有形固定資産は借方側に償却資産の残高が記録されています。**資産**の科目から直接に減額していく方法なので，この記帳法を「直接法」と呼びます。

間接法では，貸方科目は「減価償却累計額」という科目を用います。この方法では有形固定資産は，取得価額のままです。この資産の保有年数の経過とともに，「減価償却累計額」の貸方残高が積み上がってゆき，「累計」という漢字がまさに象徴的です。このような記帳では減価していないように見えますが，実際は，**借方**の有形固定資産の残高（取得価額）から，貸方の減価償却累計額を差し引くことによって，この資産の帳簿価額を計算します。「減価償却累計額」という勘定科目は，有形固定資産の簿価（**帳簿残高**）を求めるためだけに存在する科目であり，「**評価勘定**」と言います（検定試験を目指す初学習者はまず，この方法の理解に努めてください）。

## ２．減価償却費の計上

　減価償却費を各会計期末に計上するのは，正しい期間損益計算をするためです。減価償却費は費用の科目なので，その多寡が期間損益に与える影響は重大で，恣意的な減価償却費の計算・計上は認められません。設例にしたがい，減価償却についての仕訳を見ていきましょう。

設例9－2

① 北海道商店は年次決算につき，かねてより保有している建物の減価償却を定額法により行った。この建物の取得価額は，¥10,000,000で，残存価額は取得価額の10％，耐用年数は20年である。減価償却に関する記帳の方法は，間接法によっている。

　　　（借）減 価 償 却 費 450,000　　　（貸）減 価 償 却 累 計 額 450,000

② 札幌商店は，年次決算につき2年前に購入した営業用の軽トラック（取得時の帳簿価額：¥1,500,000）の減価償却を定額法により行った。同資産の残存価額をゼロとし，耐用年数6年，記帳の方法は直接法によっている。

　　　（借）減 価 償 却 費 250,000　　　（貸）車　　　　　　輌 250,000

③ 北海道開発株式会社は，今会計年度に購入した¥500,000のOA機器類の減価償却を行った。この有形固定資産の減価償却は，年30％の償却率による定率法で行い，その記帳の方法は間接法による。なお同資産の取得は8月1日であり，決算日は12月31日，月割り計算を行う。

　　　（借）減 価 償 却 費 62,500　　　（貸）備品減価償却累計額 62,500

## ３．償却済み有形固定資産の売却

　有形固定資産は，その使用をつうじて経済的価値を生み出し，収益獲得に貢献します。経営計画の変更等で，資産の使用価値が認められなくなったときは，売却や除却されます。次に，資産の継続した使用をやめる場合の簿記処理を解説します。

償却対象資産の売却で，買い手が「保有者側が考える価値」よりも高い値段で買い取ってくれれば売却益が，それとは逆に安い値段を提示されれば売却損となります。直接法で記帳されていれば，有形固定資産の勘定の**借方残高**が簿価になります。間接法で記帳されている場合は，有形固定資産の勘定の借方の取得価額から，「減価償却累計額」勘定の貸方残高を差し引いた金額が，簿価となります。以下，間接法で記帳されている固定資産の簿価を算定してみてください。

| 建　　物 | | 建物減価償却累計額 | |
|---|---|---|---|
| 1/1 前期繰越 10,000,000 | | | 1/1 前期繰越 4,000,000 |

　固定資産売却損益の計算は「売却価額－簿価」という算式により計算されますが，間接法で記帳されている場合の計算式は，次のようになります。この計算式の結果が＋（プラス）であれば固定資産売却益となり，逆に－（△マイナス）であれば固定資産売却損です。

固定資産売却損益 ＝ 売却価額 －（取得価額－減価償却累計額）

### ４．償却済み有形固定資産の売却時の仕訳

　固定資産売却に際し，売却代金の受取で考えられるパターンは，現金や小切手での受取り，預金口座への振込み，後日の代金回収などが想定されます。これらの場合は，売却価額で借方に「現金」，「当座預金」，「未収金」という仕訳を行います。売却による有形固定資産の消滅の仕訳を行いますので，貸方側には，この資産の科目で仕訳します。資産科目の金額に注意が必要であり，直接法ならば，その帳簿価額となりますが，間接法であればまず貸方へこの科目の取得価額で仕訳し，次に，借方に減価償却累計額の残高も仕訳します。

　これらの記入がすめば，残りは貸借の差を埋め合わせます。借方が不足する場合は，その不足額を「固定資産売却損」の科目で仕訳します。**貸方**が不足する場合は，その不足額を「固定資産売却益」の科目で仕訳します。たとえば，簿価¥100,000の備品を¥120,000で売却し代金を現金で受け取るような場合の仕訳では，まず，以下の仕訳をします。

（借）現　　　　　金　　120,000　　（貸）備　　　　　品　　100,000

　これだけでは，貸借が一致していませんので，貸借を一致するように，貸方に¥20,000を埋めてあげると，貸借が一致します。貸方側に埋め合わせるということは，その科目は「固定資産売却益」でなければなりません。次の仕訳を行えば，完成です。

（借）現　　　　　金　　120,000　　（貸）備　　　　　品　　100,000
　　　　　　　　　　　　　　　　　　　　　固定資産売却益　　 20,000

設例 9 － 3

①　北海道商店は自社所有の帳簿価額¥5,000,000の建物（この資産が属する年度の償却済みの価額）を清田不動産に¥5,500,000で売却し，代金は同不動産振出しの小切手で受け取った。この建物の減価償却に関する記帳は直接法であり，売却は期首に行われている。

　　　（借）現　　　　　　金　　5,500,000　　（貸）建　　　　　　物　　5,000,000
　　　　　　　　　　　　　　　　　　　　　　　　　固定資産売却益　　　500,000

②　札幌商店は，４年前に購入した営業用の軽トラック（取得時の帳簿価額：¥1,500,000）を厚別自動車販売に¥300,000で売却し，代金は札幌商店の当座預金口座に振り込まれた。この資産の減価償却に関する記帳は間接法であり，¥1,000,000の「減価償却累計額」勘定残高（期首から売却時点までの減価償却費を計上済みの価額）がある。

　　　（借）当　座　預　金　　　300,000　　（貸）車　　　　　　輌　　1,500,000
　　　　　　車輌減価償却累計額　1,000,000
　　　　　　固 定 資 産 売 却 損　　200,000

③　北海道開発株式会社は，かねて¥500,000で購入していたOA機器類の売却を決めた（売却価額は¥120,000）。同資産は定額法（残存価額ゼロ，耐用年数５年）・間接法で減価償却に関する記帳を行ってきている。売却日は９月30日で，決算日は３月31日である。同資産は今会計年度の期首までに３年が経過している。

　　　（借）未　　収　　金　　　120,000　　（貸）備　　　　　　品　　　500,000
　　　　　　備品減価償却累計額　　300,000
　　　　　　減 価 償 却 費　　　　50,000
　　　　　　固 定 資 産 売 却 損　　30,000

④　洞爺観光開発株式会社は，自社で保有する観光汽船「虻田丸」の売却の契約が成立し，その代金の一部2,000万円を小切手で受け取った。売買契約は１億円であり，８億円で建造した同汽船は耐用年数10年，残存価額は取得原価の10%の定額法で減価償却を行っていた（その記帳は直接法によっている）が，７年間使用した時点で運行を停止していた。この間は係留しメンテナンスの費用等は一切，発生していない。

　　　（借）現　　　　　　金　20,000,000　　（貸）船　　　　　　舶　296,000,000
　　　　　　未　　収　　金　80,000,000
　　　　　　固定資産売却損　196,000,000

## 第3節　無形固定資産の簿記処理

### 1．無形固定資産とは

　有形固定資産とは，長期間の使用を予定し物理的な形態をもつ有形物を言いました。具体的には，土地や建物，車輌，備品などになります。土地を除くこれらの資産は時の経過などで，その資産の減価を認識し費用計上を行い，減価償却費を計上します。無形固定資産の簿記処理も，有形固定資産とほぼ同じ処理を行います。ただし借方側に仕訳する費用の科目は異なり，貸方側は直接法で簿記処理します。ここで無形固定資産とは，長期間の利用を予定し物理的な形態を持たないものを言います。具体的には，各種「法律上の権利」やコンピュータソフトの制作費用を資産化したもの，それに「のれん」などを言います。

　たとえば法律上の権利としての特許権とは，高度の技術的発明を独占的・排他的に使用する権利ですが，この権利を得るために要した支出を合計した額をもって，この無形固定資産の取得価額とします。その他に考えられる法律上の権利を列挙すると，実用新案権，意匠権，商標権，借地権などがあげられます。

### 2．「のれん」の発生

　「のれん」（営業権）は，企業間の合併や買収（Ｍ＆Ａ）に際し，引き継いだ新会社が旧会社の純資産を超える金額を支払った場合に生ずる差額のことです。たとえば正当な評価額が¥100の場合に，それを¥200で買った時の差額を言います。なぜそこまでして買うのか，企業のＭ＆Ａの場合で考えると，買収などのコストを上回るだけの超過収益力が長期的に見込めると考えるのです。超過収益力の計上はＭ＆Ａの場合にだけ認められ，自己で自社の営業力等の高まりを測定し，これを「のれん」として計上することはできません。「のれん」の発生・認識は，Ｍ＆Ａなどで発生し，しかも対価を支払ったときに限られます。

### 3．「のれん」の簿記処理

　簿記の問題では「のれん」の金額の測定や，継続して「のれん」が計上されている場合の償却の問題が出題されます。「のれん」は諸外国の例では，定期償却をしない（非償却）とする実務も行われているようですが，日本では，その効果の及ぶ期間にわたり「規則的な償却を行う」方法で償却する処理が行われています。簿記処理で償却期間が明示されていれば，それにしたがい以下のとおり仕訳します。償却の計算方法は残存価額をゼロとし，定額法が一般的です。記帳も下記の仕訳からわかるように，直接法によります。

　　　（借）の れ ん 償 却　　×××　　　（貸）の れ ん　　×××

設例9－4

① 北海道商店は，かねてより申請していた特許が認められた。この開発に要した総支出
¥1,000,000は「試験研究費」という科目でいったん処理していた。そのほかに特許申請に支払
う費用が¥300,000あり，これは現金で支払った。

（借）特　　　許　　　権　　1,300,000　　（貸）試　験　研　究　費　　1,000,000
　　　　　　　　　　　　　　　　　　　　　　　　現　　　　　　金　　　300,000

② 札幌物産株式会社（買収会社）は，手稲商事株式会社（被買収会社）を買収することを決定し，
同商事の株主もこれに同意した。被買収会社の資産総額は¥2,500,000　負債総額が¥1,400,000
と評価されたが，被買収会社の株主に対して¥1,500,000の現金を支払い，株式を買い取った。

（借）諸　　　資　　　産　　2,500,000　　（貸）諸　　　負　　　債　　1,400,000
　　　の　　　れ　　　ん　　　400,000　　　　　現　　　　　　金　　1,500,000

③ 北海道開発株式会社は年次決算につき，今期首に発生した「のれん」（取得価額：¥1,000,000）
の償却を償却期間20年，残存価額ゼロとする定額法で，記帳方法は直接法によって行う。

（借）の　れ　ん　償　却　　　50,000　　（貸）の　　　れ　　　ん　　　50,000

## 第4節　投資その他の資産

### 1．投資資産

　前章では，**満期保有目的の債券，子会社株式，関係会社株式，投資有価証券**などの有価証券を解
説しました。これらの有価証券は，売買を目的としない有価証券で長期保有が前提になっています。
ここでは，決算時点でこれら有価証券を保有している場合の貸借対照表（B／S）への表示が問題
になります。貸借対照表作成問題で，これらの資産を分類する際には，「投資その他の資産」の項
目へ分類します。

### 2．その他の資産

　貸付金という債権は，回収までに期間を要する場合があります。1年以内の回収を予定していれ
ば，短期貸付金となり，1年超の貸付債権が長期貸付金となります。簿記では，短期の貸付金を単
に「貸付金」勘定で，また長期の貸付金を「長期貸付金」勘定で処理します。

　売上債権（売掛金）は，回収期間が長期（1年超）であっても流動資産です。この債権が得意先
の事情で，回収の可能性が懸念されるか，経営破綻に至った場合，新たに回収期間を見積もり，回
収までに1年超を要する場合には，貸借対照表上のその他の資産の区分に分類します。売掛金は正
常債権ですが，回収不能が確定した時，ないしはそのことが見込まれる場合には，破産債権や更正
債権への**振替**処理を行います。

設例 9 － 5

① 北海海道商店は，得意先の豊平福住商店より資金援助の要請があり，¥100,000の小切手を振り出した。返済期間は3年間とする。

  （借）長 期 貸 付 金  100,000  （貸）当 座 預 金  100,000

② 札幌商店は売上債権（売掛金）がある得意先が申請していた会社更生法の適用が決まったので，この債権を売掛金勘定から**振り替える**処理をした。債権の額は，¥500,000である。

  （借）更 生 債 権  500,000  （貸）売 掛 金  500,000

練習問題

1．次の各取引の仕訳をしなさい。

（1）事務用の机と椅子を3セット（1セット¥50,000）を買入れ，配達料（1セットにつき¥2,000）とともに小切手を振り出して支払った。

（2）営業用のトラックの減価償却を行う。このトラックの取得価額は¥2,100,000で，残存価額をゼロ，耐用年数7年の定額法による減価償却で，間接法によることとする。

（3）かねてより所有していた備品（取得価額¥100,000，この減価償却累計額残高¥90,000）を処分することとした。処理業者に支払う処理費用や運搬料など現金で¥10,000を支払い，処分に際し生じた差額は，雑損ないしは雑益として処理することとする。

（4）会社が所有する営業用のバンを中古車買取店へ売却することとした。この車輌の取得価額は¥1,500,000であり，残存価額を取得原価の10%，耐用年数6年とする定額法，間接法で減価償却を行っているが，耐用年数終了2年経過後も使い続けていた。買取店が提示した価格は¥100,000であり，会社は売却を決定し代金は後日，現金で受け取ることになった。

（5）中古車販売店の上記売買取引を仕訳するとどうなるか。この中古車は販売を予定しているが，とりあえず買い取った状態で転売することを考えている。

（6）事務所で使うエアコンを購入した。当該機種の本体価格は¥500,000で，そのほかに配達料¥10,000と据え付け工事費用¥20,000を要した。本体価格の¥500,000は発注したときに仮払金で処理しており，配達料と据え付け工事費用は小切手を振り出した。

2．次の各取引の仕訳をしなさい。減価償却に関する記帳法は，問わない。

（1）試算表に計上された備品の価額（取得価額）は¥1,500,000であるが，うち¥500,000は今期途中に購入し使用開始から半年が経過している。新旧2つの備品の減価償却費を計上するが，旧備品は残存価額を取得原価の10%，耐用年数9年とする定額法，年度途中の備品は償却率20%とする定率法による。

（2）新社屋を建築することになり，建設業者にたいして当該工事代金の一部¥5,000,000は，約束手形を振り出した。

（3）当社が所有する建物の取得価額は¥50,000,000であり，今期も8%の定率法で減価償却を行う。なお当該建物は2年まえの年度当初より使い始めて，当期首でまる2年が経過した。

（4）かねてより所有する備品（取得価額¥1,000,000）を年度途中に¥300,000で売却することとなり，代金は小切手で受け取った。償却率25%の定率法で減価償却を行ってきているが，期首（4月1日）時点の減価償却累計額残高は¥437,500で，12月1日に売却しており，この間の月割り計算も行う。

（5）取得した「のれん」の償却を行う。その帳簿価額は¥1,200,000で，これまでに5年が経過しており，この額は5回償却行った残額である。「のれん」の償却期間は20年である。

（6）M＆Aにより投資ファンドより株式を買い入れ，被買収会社の株式の50%超を所有することとなった。買入価額は¥8,000,000であり，小切手を振り出した。

# 第10章　資本金と純資産

## 第1節　資本金

### 1．個人商店の資本

　店主が経営者であり出資者（株主）となるような会社形態を個人商店とすると，その場合の資本は資本金と一致します。**資本**とは貸借対照表の借方側の資産合計から貸方の負債合計を差し引いた部分（金額）です。資本のことを純資産とも言いますが，個人商店の場合は，資本（純資産）が資本金と等しいので，貸借対照表の借方合計は，負債合計と資本金の合計（貸方合計）に等しくなります。この等号関係を「**貸借対照表等式**」と言います。資本金とは勘定科目であり，**仕訳**する場合にはこの科目を使います。

　個人商店では，儲け（利益）がでると資本（金）が増え，逆に損失の場合は資本から補填します。個人商店と店主との関係は，上場企業で大会社のオーナー経営者と会社との関係とは異なります。このテキストでは，個人商店や中規模の株式会社（非上場）を前提とした簿記処理を解説していきます。まずは，店の経営と店主の家計の区分・分離の理解に努めてください。

### 2．個人商店の資本取引

　ここでの資本取引とは，資本金の額を増加・減少させる取引と考えてください。起業するとき（元入れ開業時），また追加出資（追加元入れ）のときは，資本取引です。資本金を減少させる取引も資本取引ですが，資本金を減少させる取引とは，赤字（当期純損失）の補填や店の商品を店主の家族で消費（**自家消費**）した場合や，商店の利益にかかる税金や店主へ課税される所得税を支払うときです。資本金増減の資本取引が発生した場合は，次のように仕訳します。

資本金の増加　（借）現　金　な　ど　　×××　　（貸）資　　本　　金　　×××
資本金の減少　（借）資　　本　　金　　×××　　（貸）現　金　な　ど　　×××

設例10－1
　①　北海太郎は手持ちの資金¥500,000で北海道商店を起業した（元入れ開業）。

　　　　　　　（借）現　　　　　金　　500,000　　（貸）資　　本　　金　　500,000

② 鮮魚店を営む南郷商店の店主は，販売用の鮭1尾を家族の夕食用に使った。この商品の販売
価格は¥7,000（仕入原価は¥5,000）であり，購入時には仕入勘定で処理している。

（借）資　本　金　　5,000　　　（貸）仕　　　入　　　5,000

## 3．資本金の減少と「引出金」勘定

個人商店では，期中取引で資本金を減少させる取引が頻繁に発生します。そこで「引出金」勘定
を設定して，この勘定の借方で資本金の減少額を記帳・記録していきます。「引出金」勘定の借方
合計額を決算時にまとめて，資本金から減額する次のような振替仕訳を行います。

（借）資　本　金　　×××　　　（貸）引　出　金　　×××

上記処理（相殺仕訳）を行えば，「引出金」勘定の残高はゼロとなります。資本金の額も引出金
の額だけ減少します。このような**決算整理仕訳**で「引出金」勘定残高は繰り越されません。「引出
金」勘定は，「資本金」勘定に対する**評価勘定**です。

## 4．最終損益と「資本金」勘定への振替

個人商店の当期損益（利益ないしは損失）は，「損益」勘定からも計算できます。以下の「損益」
勘定をみてください。借方側（費用）の合計¥120,000と貸方側（収益）の合計¥200,000の差額は
¥80,000ですが，「損益」勘定も貸借をバランス（一致）させます。貸方残¥80,000は，その少な
い借方に¥80,000と転記します。検定試験では当期損益は「繰越利益剰余金」勘定へ振替えます。

損　　益

| 3/31 売上原価 | 100,000 | 3/31 売　　上 | 150,000 |
|---|---|---|---|
| 〃　雑　　損 | 20,000 | 〃　受取利息 | 40,000 |
| | | 〃　雑　　益 | 10,000 |

＊決算日は3月31日で，収益・費用の各勘定残高を上記「損益」振り替えた後の状態

「損益」勘定の借方へ転記するためには，以下のような仕訳が必要です。

（借）損　　　益　　80,000　　　（貸）資　本　金　　80,000

借方「損益」の相手科目，貸方の勘定科目が，資本金です。このような「損益」勘定から「資本
金」勘定への移動のことを，**振替**と言います。利益が計上された上記の仕訳のことを**決算振替仕訳**
と言います。損失のときは，上記振替仕訳と逆の仕訳になります。

（借）資　本　金　　×××　　　（貸）損　　　益　　×××

設例10－2

① 北海道商店は決算につき当期純利益¥500,000を計上した。この額を資本金勘定へ振り替えた。

　　　（借）損　　　　　益　　500,000　　　（貸）資　　本　　金　　500,000

② 札幌商店の損益勘定は，借方合計が¥500,000，貸方合計が¥350,000となった。残額を「資本金」勘定へ振り替えた。

　　　（借）資　　本　　金　　150,000　　　（貸）損　　　　　益　　150,000

## 第2節　資本金と剰余金

### 1．資本剰余金

　株式会社形態の中小企業では，株主からの出資を受けた場合，その全額を資本金とすることが求められますが，会社法の規定で株式の払い込み金額の2分の1の金額まで資本金としないことができます。言いかえると，最低でも株式の払い込み金額の半分は，資本金としなければなりません。

　株式発行による会社設立や増資の時の仕訳において，簿記の問題で「会社法で認める最低額を資本金とする」という条件がつけられる場合があります。資本金としない額を処理する勘定科目は「株式払込剰余金」勘定ないしは「資本準備金」勘定です。たとえば総額1千万円の新株を発行し，「会社法で認める最低額を資本金とする」という条件がついた場合の仕訳は，以下の通りです。

　　　（借）×　　×　　×　　10,000,000　　　（貸）資　　本　　金　　5,000,000
　　　　　　　　　　　　　　　　　　　　　　　　　株式払込剰余金　　5,000,000

　「株式払込剰余金」勘定および「資本準備金」勘定は，ともに資本剰余金と言いますが，資本剰余金とは株主が出資する資金（株主からの拠出資本）のうち，資本金としない部分です。資本剰余金は，貸借対照表の「純資産の部」には資本金の次に表示されます。

### 2．利益剰余金

　資本剰余金と利益剰余金は剰余金という分類になります。資本剰余金と利益剰余金の違いは，その発生源泉が異なります。資本剰余金が株主からの拠出でしたが，利益剰余金は過去における稼得利益のうち企業内部に留保された蓄積利益部分です。

　簿記の問題では，「繰越利益剰余金」の処理の問題がよく出てきます。「繰越利益剰余金」とは，「損益」勘定の残額を振り替える勘定科目です。個人商店では，「損益」勘定残高は「資本金」勘定へ振り替えましたが，株式会社形態の中小企業の簿記では，「損益」勘定残高は「繰越利益剰余金」勘定へ振り替えます。さらに，利益からの配当を行う場合は，この勘定残高から支払われます。

　2006年改正「会社法」から，株主への配当金の支払いは，定款の定めがあれば，取締役会の決定により，配当金の支払いが可能となりました。次に，配当金の支払いの決定がなされてから，配当

金が支払われるまでの手続きを紹介していきます。「繰越利益剰余金」を原資とした支払いが前提です。まず，**決算日に利益が予定されるならば**，「損益」勘定から「繰越利益剰余金」勘定へ，その額の**振替**が行われます。次のような仕訳です。

　　　　（借）損　　　　　　益　　×××　　　　（貸）繰越利益剰余金　　　×××

　決算手続き中の取締役会の決議，あるいは株主総会の議決により「繰越利益剰余金」からの配当（「繰越利益剰余金」の取り崩し）が決定したときの仕訳は以下の通りです。これ以外に金銭による配当を行う場合は，配当金の一部を利益準備金に組み入れる決まりもありますが，ここでは，その処理は省略します。

　　　　（借）繰越利益剰余金　　×××　　　　（貸）未　払　配　当　金　　　×××

　配当金の実際の支払いは，取締役会の議決による配当であれば決められた期日となり，株主総会の決議を経ての配当であれば，同領収書での受け取りを希望する株主に対して同総会の翌日付で配当金領収書を送付します。これ以外にその他の株主へは，当該企業の銀行口座から株主の銀行口座等への振込みがなされます。したがって，次の仕訳が行われます。

　　　　（借）未　払　配　当　金　　×××　　　　（貸）当座預金（普通預金）　　×××

## 補節　資本金の増加・減少に関する計算問題

### 1．期中に資本の増加・減少がない場合

　初級者向け検定試験の問題には，資本金の増加・減少にかかわる問題も，よく出題されるので，簡単に触れておきます。利益が出れば資本金は増加します。それとは逆に損失の場合は，資本金を減少させます。また，期首の資本金と比べて，期末の資本金が増加していれば，利益が発生していたとみなします。逆に，期末の資本金が少なければ，損失が発生していたと考えます。

　　　　　　　　期首の資本金　＋　当期純利益　＝　期末の資本金
　　　　　　　　期末の資本金　－　期首の資本金　＝　当期純利益

　この2つの式は，上記の説明を計算式にしたものです。当期純損失も式で表してみましょう。

　　　　　　　　期首の資本金　－　当期純損失　＝　期末の資本金
　　　　　　　　期末の資本金　－　期首の資本金　＝　当期純損失（マイナスの数値）

　当期純損失をマイナスの利益（簿記ではマイナスの場合は△をつけます）と考えるならば，期首の資本金　＋　（△当期純利益）＝　期末の資本金，という式になります。

## ２．期中に資本金の増加・減少がある場合

　期中において追加の元入れや引出しがなければ，上記の計算式でも大丈夫ですが，この２つの取引（追加元入れと引出し）があれば，これらの事象も考慮して計算しなければなりません。追加の元入れとは，資本金の増加要素です。株式会社であれば増資と呼ばれる事象です。引出しとは，株式会社であれば稀ですが，個人商店の場合は，店主が私的に店の金や商品を消費した場合の処理です。これらの事象がある場合の計算式を以下で示します。

期首の資本金 ＋ 追加の元入れ － 引出し ＋ 当期純利益 ＝ 期末の資本金

期首の資本金 ＋ 追加の元入れ － 引出し － 当期純損失 ＝ 期末の資本金

### 設例10－3

① 　期首の資本金が¥300,000　期末の資本金が¥400,000の時の当期純損益（＋ならば当期純利益，－ならば当期純損失）を計算しなさい。

② 　期末の資本金が¥500,000で，当期純利益が¥50,000の時の期首の資本金を計算しなさい。

③ 　当期純損失が¥150,000（△150,000）で期末の資本金が¥700,000のときの期首の資本金を計算しなさい。

④ 　期首の資本金が¥300,000で，追加の元入れが¥100,000　当期純利益が¥150,000の時の期末の資本金を計算しなさい。

⑤ 　期首の資本金が¥500,000で期中の引出しが¥50,000あるときに，期末の資本金が¥480,000であれば，当期純損益はいくらになるか計算しなさい。

⑥ 　期末の資本金が¥1,000,000　当期純利益が¥60,000　¥100,000の追加元入れが行われ，¥30,000の期中の引出しが行われたときの期首の資本金はいくらか，計算しなさい。

⑦ 　期首の資本金が¥360,000　追加の元入れも行われたが不明であるが，期中の引出しが¥120,000　当期純損失が¥50,000　期末の資本金が¥400,000ということは，わかっている。追加元入れの額を計算しなさい。

### 解答

①当期純利益：¥100,000，②期首の資本金：¥450,000，③期首の資本金：¥850,000，④期末の資本金：¥550,000，⑤当期純利益：¥30,000，⑥期首の資本金：¥870,000，⑦追加元入額：¥210,000

**練習問題**

1．次の各取引の仕訳をしなさい。使用する勘定科目は以下のいずれかとする。

現金，当座預金，仕入，売上，土地，資本金，引出金，水道光熱費，租税公課，固定資産税，通信費，仮払金，損益，繰越利益剰余金

（1）現金¥500,000を元入れして営業を開始した。

（2）経営のパートナーより土地の提供を受けた。この土地の評価額は，¥1,000,000と鑑定された。

（3）店主が商品（購入価額¥20,000）分を個人的に使用した。

（4）今年度分の固定資産税の請求書が届いた。決定税額は¥100,000であり4回に分けて納税する。その第1期分を現金で納めたが，この固定資産税は店舗兼住宅にかかわる固定資産税である。のべ床面積の6割が店舗部分である。

（5）決算の結果，当期純利益¥500,000を繰越利益剰余金勘定へ振り替えた。

（6）年賀ハガキ1,000枚（1枚あたり63円）を発送したが，うち100枚は店主の個人的な分である。年賀状印刷は会社のプリンタで行ったので，その他のコストは，いっさい発生していない。なお，年賀ハガキ1,000枚を現金で購入したときに仮払金で処理していた。

2．次の各取引の仕訳をしなさい。使用する勘定科目は，適切なものを用いること。

（1）新株を発行し増資を行い株主に割り当て，その代金が当座預金口座に振り込まれた。発行株式数は5,000株で1株につき4,500円だった。発行価額をすべて資本金に組み入れた。なお新株発行に伴う，その他の諸費用は発生していない。

（2）総額5,000万円の公募増資の募集をしていたが，予定通りすべての引受先が決まり，幹事証券会社から後日代金が振り込まれるとの連絡を受けた。この増資では，総額のうち「会社法が定める最低額を資本金とする」ことにした。

（3）今期決算では，¥500,000の当期純損失となることが決定した。この額を繰越利益剰余金勘定へ振り替える処理を行った。

（4）繰越利益剰余金を原資として，株主へ配当金を支払う決定を行った。配当金の支払総額は¥3,000,000である，

（5）損益勘定の費用合計が¥3,500,000であり，収益合計は¥4,500,000となった。決算につき，残高を繰越利益剰余金勘定に振り替えた。

# 第11章 決 算

## 第1節 決算手続きとは

　**決算**とは期末に財政状態と経営成績を明らかにする手続きであり，期中取引をまとめた試算表をもとに，決算特有の会計処理である決算整理を行い，さらに帳簿を締め切るための処理を経ます。決算手続きの流れを決算予備手続きと決算本手続きに分けて説明します。

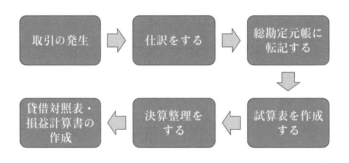

## 第2節 決算予備手続き

### 1．決算整理前試算表

　決算予備手続きは決算本手続きの準備として行われます。期中取引をまとめた決算整理前残高試算表と決算整理のための棚卸表を作成し，決算の流れを事前に把握し確認する精算表を作成するプロセスです。企業は日々の取引が正確に仕訳されて総勘定元帳に転記されているかを定期的に確認しなければなりません。そこで月末や期末（決算日）において**試算表**という表を作成して，仕訳や転記が正しくされているかを確認します。特に決算整理前試算表は損益計算書・貸借対照表を作成するための重要な資料となります。試算表は期中の取引が元帳にもれなく転記されているかどうかを確認するために作成される表であり，総勘定元帳の残高を勘定科目ごとに集計して一覧としたものです。様式としては，勘定科目ごとの賃借それぞれの残高を一覧にした**合計試算表**と，貸借差額の残高を一覧にした**残高試算表**，2つの様式を合わせた**合計残高試算表**があります。決算手続きにおいて，最初に決算手続きの入り口となる**決算整理前試算表**が作成され，決算整理仕訳後に**決算整理後試算表**となります。

**合計試算表**

| 借方合計 | 勘定科目 | 貸方合計 |
|---|---|---|
| 780 | 現金 | 680 |
| 370 | 売掛金 | 320 |
| 500 | 建物 | |
| 280 | 買掛金 | 530 |
| | 資本金 | 100 |
| | 売上 | 700 |
| 450 | 仕入 | 50 |
| 2,380 | | 2,380 |

**残高試算表**

| 借方残高 | 勘定科目 | 貸方残高 |
|---|---|---|
| 100 | 現金 | |
| 50 | 売掛金 | |
| 500 | 建物 | |
| | 買掛金 | 250 |
| | 資本金 | 100 |
| | 売上 | 700 |
| 400 | 仕入 | |
| 1,050 | | 1,050 |

**合計残高試算表**

| 借方残高 | 借方合計 | 勘定科目 | 貸方合計 | 貸方残高 |
|---|---|---|---|---|
| 100 | 780 | 現金 | 680 | |
| 50 | 370 | 売掛金 | 320 | |
| 500 | 500 | 建物 | | |
| | 280 | 買掛金 | 530 | 250 |
| | | 資本金 | 100 | 100 |
| | | 売上 | 700 | 700 |
| 400 | 450 | 仕入 | 50 | |
| 1,050 | 2,380 | | 2,380 | 1,050 |

　取引による財産の変動を仕訳すると必ず2つ以上の勘定科目が発生し，借方と貸方には必ず同額が記入されるため，全ての勘定を合計すれば，借方と貸方の合計金額は必ず一致します。このことを**貸借平均の原理**と言います。したがって取引記録の仕訳帳への記入，総勘定元帳への転記が正しく行われていれば，全ての勘定の借方の金額の合計と貸方の金額の合計は一致します。試算表はこの貸借平均の原理を応用して転記の正確性を検証します。

## ２．棚卸表

　試算表の作成を通じて転記の正確性が検証されたならば，決算整理のための内部資料として棚卸表を作成します。棚卸表は，決算整理事項をまとめた一覧表です。主な決算整理事項は以下の通りです。

- ・現金過不足の処理（第3章）
- ・売上原価の算定（第4章）
- ・貸倒れの見積り（第5章）
- ・有価証券の評価替え（第8章）
- ・引出金の整理（第10章）
- ・収益・費用の見越・繰延
- ・消耗品の整理

まだ扱っていない収益・費用の見越・繰延と消耗品の整理について以下説明します。

### (1) 収益・費用の見越・繰延

　たとえば当期の11月1日に11月1日から次期10月31日までの1年分の家賃を先に支払ったとします。決算日が12月31日だった場合，支払った家賃は1年分だが，当期分は11月1日から12月31日までの2ヶ月分です。そのため支払った1年分から次期分（1月1日から10月31日分）を引いた金額を当期の費用とするとともに前払いしている次期分を前払費用（資産）で処理します。これを**費用の繰延**と言います。

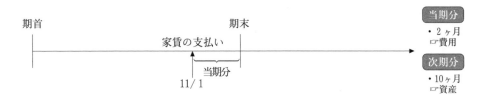

- 11月1日に1年分の家賃12,000円を現金で支払った。

    （借）支払家賃　12,000　／　（貸）現　　金　12,000

- 12月31日になり，決算をむかえた。

    （借）前払家賃　10,000　／　（貸）支払家賃　10,000

- 次期になったとき→費用として計上するため，期首の開始手続において再振替を行う（決算時と逆の仕訳）。

    （借）支払家賃　10,000　／　（貸）前払家賃　10,000

　収益についても，費用と同様に当期に受け取った収益のうち，次期の分は当期の収益から除きます。また先にお金をもらってしまっているので前受収益（負債）で処理します。これを**収益の繰延**と言います。11月1日に1年分の利息を受け取った場合を考えてみます。

- 11月1日に1年分の利息120円を現金で受け取った。

    （借）現　　金　　120　／　（貸）受取利息　　　120

- 12月31日になり決算をむかえた。

    （借）受取利息　　100　／　（貸）前受利息　　　100

- 次期になったので振替仕訳を行う。

    （借）前受利息　　100　／　（貸）受取利息　　　100

　たとえば当期の11月1日に建物を借り，その家賃については1年後の後払いだったとします。決算日が12月31日だとすると11月1日から12月31日までの2ヶ月間はまだ家賃を支払っていないのに使っている，つまり，家賃の未払いということになります。このような場合，使った期間の家賃を当期の費用とするとともに，未払いなので未払費用（負債）を計上します。これを**費用の見越**と言います。

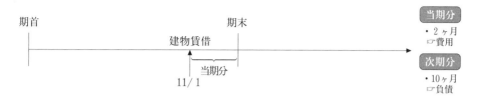

| | 期首 | | | 期末 | | | 当期分 |
|---|---|---|---|---|---|---|---|

・11月1日に建物の賃借（1ヶ月の家賃100円）を始めた。

仕訳なし

・12月31日になり決算をむかえた。

（借）支払家賃　　200　／　（貸）未払家賃　　200

・次期になったので振替仕訳を行う→次期の費用として計上すべきでないため。

（借）未払家賃　　200　／　（貸）支払家賃　　200


収益についても，当期に未収となっている収益を当期の収益とします。しかしまだお金を受け取っていないので，未収収益（資産）を計上します。これを**収益の見越**と言います。

・11月1日に現金を貸した（利息1ヶ月100円）。

仕訳なし

・12月31日になり決算をむかえた。

（借）未収利息　　200　／　（貸）受取利息　　200

・次期になったので振替仕訳を行う→次期の収益として計上すべきでないため。

（借）受取利息　　200　／　（貸）未収利息　　200


## (2) 消耗品の整理

**消耗品**とはコピー用紙，鉛筆，などの文房具や包装用紙など短期間に使われてなくなるもののことです。コピー用紙などを買うとき，5箱など一定の単位で買います。未使用のコピー用紙のまま残っていれば資産だが，実際に使ってしまったら2箱分は消耗品費（費用），残っている3箱分が消耗品（資産）となります。①消耗品を買ったときに資産（消耗品）としておいて，決算で使った分を費用（消耗品費）とする処理と②買ったときから費用（消耗品費）としておいて，決算で残っている分を資産（消耗品）とする処理があります。

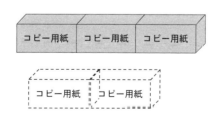

ここで期中に消耗品を20,000円で購入して小切手を振り出して支払い，決算時の消耗品の未消費高が4,000円であった場合を考える。

①の方法による場合

消耗品の購入時にいったん消耗品勘定で処理します。

　　　　　　　（借）消 耗 品　20,000　　（貸）当座預金　20,000

決算時に消費高16,000円を消耗品勘定に振り替えます。

　　　　　　　（借）消 耗 品 費　16,000　　（貸）消 耗 品　16,000

②の方法による場合

消耗品の購入時にいったん消耗品費勘定で処理します。

　　　　　　　（借）消 耗 品 費　20,000　　（貸）当座預金　20,000

決算時に未消費高4,000円を消耗品勘定に振り替えます。

　　　　　　　（借）消 耗 品　4,000　　（貸）消 耗 品 費　4,000

## 3．精算表

　決算を行うにはまず棚卸表を作成してそれをもとに決算整理仕訳を行います。さらに仕訳帳，総勘定元帳を締め切り，最後に貸借対照表・損益計算書を作成するという一連の手続きが必要となります。これらの手続きを正確に行うためにすべての手続きをひとつの表にまとめると便利で正確です。この一覧表のことを**精算表**と言います。

決算整理事項を記入

合計残高試算表より

精 算 表
令和○○年12月31日

| 勘定科目 | 元丁 | 残高試算表欄 借方 | 残高試算表欄 貸方 | 整理記入欄 借方 | 整理記入欄 貸方 | 損益計算書欄 借方 | 損益計算書欄 貸方 | 貸借対照表欄 借方 | 貸借対照表欄 貸方 |
|---|---|---|---|---|---|---|---|---|---|
| 現　　金 | 1 | 400,000 | | | | | | 400,000 | |
| 売 掛 金 | 2 | 640,000 | | | | | | 640,000 | |
| 繰 越 商 品 | 3 | 145,000 | | 200,000 | 145,000 | | | 200,000 | |
| 備　　品 | 4 | 250,000 | | | | | | 250,000 | |
| 買 掛 金 | 5 | | 550,000 | | | | | | 550,000 |
| 資 本 金 | 6 | | 1,000,000 | | | | | | 1,000,000 |
| 売　　上 | 7 | | 950,000 | | | | 950,000 | | |
| 仕　　入 | 8 | 600,000 | | 145,000 | 200,000 | 545,000 | | | |
| 給　　料 | 9 | 420,000 | | | | 420,000 | | | |
| 支 払 利 息 | 10 | 45,000 | | 15,000 | | 60,000 | | | |
| | | 2,500,000 | 2,500,000 | | | | | | |
| 貸倒引当金繰入 | 11 | | | 19,200 | | 19,200 | | | |
| 貸倒引当金 | 12 | | | | 19,200 | | | | 19,200 |
| 減価償却費 | 13 | | | 45,000 | | 45,000 | | | |
| 減価償却費累計額 | 14 | | | | 45,000 | | | | 45,000 |
| 未 払 利 息 | 15 | | | | 15,000 | | | | 15,000 |
| 当期純損失 | | | | | | | 139,200 | 139,200 | |
| | | | | 424,200 | 424,200 | 1,089,200 | 1,089,200 | 1,629,200 | 1,629,200 |

差額で算出

## 第3節　決算本手続き

### 1．財務諸表の作成

　会社の財政状態（財産がいくらあるか）を報告するために，**貸借対照表**を作成します。その際に繰越商品勘定は商品と表示します。また会社の経営成績（どれだけ利益を上げたか）を報告するため**損益計算書**を作成します。その際，売上勘定は売上高と表示し，仕入勘定については売上原価と表示します。

### 損益計算書の作成

　①決算整理後の収益・費用の各勘定の金額を記入します。

　②収益－費用（貸借差額）で当期純利益（損失）を計算します。

　③収益の合計額と費用の合計額が一致することを確かめます。

**貸借対照表の作成**

　①資産・負債・資本の各勘定の金額を記入します。

　②損益計算書の当期純利益（損失）を当期純利益（損失）の行に記入します。

　③資産の合計額と負債・純資産の合計額が一致することを確かめます。

**2．帳簿の締め切り**

　時期にそなえて，各勘定や帳簿を整理することを**締め切る**と言います。まず収益・費用の各勘定を損益勘定に振り替えます（**損益振替**）。

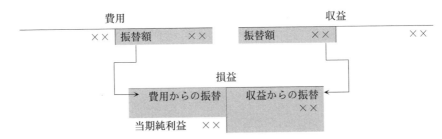

　財政状態の変化の原因を表す損益勘定の貸借差額で算定された純損益は，資産から負債を差し引いた純資産である資本の正味の増減分なので，この純損益を資本勘定へ振り替えます（**資本振替**）。

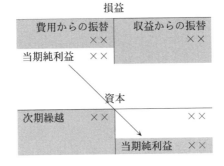

　収益・費用の各勘定と借方と貸方が一致することを確認して，二重線を引いて締め切ります。

資産・負債・資本の各勘定も締め切ります。期末時点で残っているものは次期に繰り越すので次期繰越と記入して締め切ります。

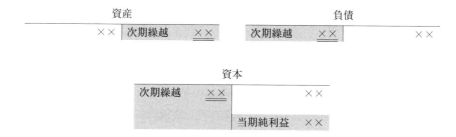

　最後に次期繰越の網羅性を確認するために**繰越試算表**を作成します。

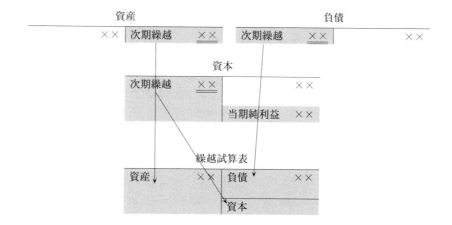

練習問題

　次の決算整理事項等にもとづいて，解答欄の精算表を完成しなさい。なお，会計期間は×1年4月1日から×2年3月31日までの1年間である。

【決算整理事項等】
1．決算日に売掛金回収として当座振込10,000円があったが，未記帳であった。
2．現金の実際手許有高は954,000円であり，過不足の原因が不明であるため適切な処理を行う。
3．売上債権期末残高に対して2％の貸倒引当金を差額補充法により設定する。
4．期末商品棚卸高は211,000円である。売上原価の計算は仕入勘定上で行う。
5．備品について定額法（残存価額ゼロ，耐用年数8年）で減価償却を行う。
6．受取手数料のうち6,200円は次期分（前受分）である。
7．保険料は×1年12月1日に向こう1年分を支払ったものである。
8．借入金は×1年10月1日に年利率3％（期間1年）で借り入れたもので，利息は元金とともに返済時に支払うことになっている。利息の計算は月割りによる。

精算表

| 勘定科目 | 試算表 | | 修正記入 | | 損益計算書 | | 貸借対照表 | |
|---|---|---|---|---|---|---|---|---|
| | 借方 | 貸方 | 借方 | 貸方 | 借方 | 貸方 | 借方 | 貸方 |
| 現　　　　　金 | 955,000 | | | | | | | |
| 当　座　預　金 | 1,070,000 | | | | | | | |
| 売　　掛　　金 | 360,000 | | | | | | | |
| 貸　倒　引　当　金 | | 300 | | | | | | |
| 繰　越　商　品 | 178,000 | | | | | | | |
| 備　　　　　品 | 1,500,000 | | | | | | | |
| 備品減価償却累計額 | | 375,000 | | | | | | |
| 買　　掛　　金 | | 314,000 | | | | | | |
| 借　　入　　金 | | 220,000 | | | | | | |
| 資　　本　　金 | | 2,000,000 | | | | | | |
| 繰越利益剰余金 | | 125,000 | | | | | | |
| 売　　　　　上 | | 4,920,000 | | | | | | |
| 受　取　手　数　料 | | 45,700 | | | | | | |
| 仕　　　　　入 | 1,754,000 | | | | | | | |
| 給　　　　　料 | 925,000 | | | | | | | |
| 通　　信　　費 | 120,600 | | | | | | | |
| 旅　客　交　通　費 | 111,000 | | | | | | | |
| 支　払　家　賃 | 1,024,000 | | | | | | | |
| 保　　険　　料 | 2,400 | | | | | | | |
| | 8,000,000 | 8,000,000 | | | | | | |
| 雑　　　　　損 | | | | | | | | |
| 貸倒引当金繰入 | | | | | | | | |
| 減　価　償　却　費 | | | | | | | | |
| 前　受　手　数　料 | | | | | | | | |
| 前　払　保　険　料 | | | | | | | | |
| 支　払　利　息 | | | | | | | | |
| 未　払　利　息 | | | | | | | | |
| 当　期　純　利　益 | | | | | | | | |

# 第12章　本支店会計

## 第1節　支店会計の独立

　1つの店舗だけで営業していた会社が事業拡大し，複数の支店を設けた場合，本店と支店という関係ができます。本店並びに支店は同一会社なので，本店と支店の利益などは最終的には合算され，1社の利益となります。しかしながら，支店の会計処理を本店で記帳するよりも支店ごとに帳簿を設け，会計処理を独立させた方が効率的です。その結果，支店の資金の流れや，利益の状況を把握することができ，ひいては経営管理や支店スタッフの業績評価にも役立ちます。このように，支店が支店独自の帳簿を持ち，本店から独立して会計処理を行う制度を支店独立会計制度と言います。また，支店独立会計制度に対して本店のみで帳簿を設け，本店でのみ会計処理を行う会計制度を本店集中会計制度と呼び区別されます。本章では支店独立会計制度について説明します。

## 第2節　本店勘定と支店勘定

　支店独立会計制度では，支店を会計上独立させ，支店独自の会計処理を行います。支店独自の会計処理が行われるようになると，支店と本店間で発生する取引について，支店は，本店に対する債権・債務に関して本店勘定を用いて処理します。逆に，本店では支店に対する債権・債務に対しては支店勘定を設けて処理します。たとえば，支店の本店に対する債権は本店にとっては債務となるなど，下記の勘定にもあるように各々の残高は貸借逆で必ず一致することとなります。

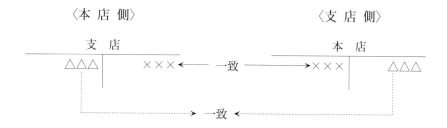

設例12-1
　盛岡商事は支店を開設し，本店にて記帳していた以下の債権債務を支店の帳簿に移すことになった。支店開設に伴う仕訳を本店，支店の両方行いなさい。なお，支店の開設に当たっては支店独立会計制度を採用している。

現金￥75,000，売掛金￥37,500　備品22,500　借入金￥30,000

| | | | | | | | | | |
|---|---|---|---|---|---|---|---|---|---|
| 本店（借）| 支 | 店 | 105,000 | （貸）| 現 | 金 | 75,000 |
| | 借 入 金 | | 30,000 | | 売 掛 金 | | 37,500 |
| | | | | | 備 品 | | 22,500 |

| | | | | | | | |
|---|---|---|---|---|---|---|---|
| 支店（借）| 現 | 金 | 75,000 | （貸）| 本 | 店 | 105,000 |
| | 売 掛 金 | | 37,500 | | 借 入 金 | | 30,000 |
| | 備 品 | | 22,500 | | | | |

　設例からもわかるように支店独立会計制度においては，本店と支店との間に形式上，債権債務関係が生じるような仕訳を起こします。

# 第3節　本支店間取引

　支店を有し，支店独立会計制度を採用する場合，第2節のように支店に債権債務を移転させる処理を行った後，実際にそれぞれ営業が営まれ，本店および支店での記帳・仕訳が行われていきます。そして，本店および支店間の取引は支店独立会計制度において認識され，会計処理することになります。この本支店間の取引には，下記の本店の支店勘定と支店の本店勘定にあるように，本支店間の送金，商品の積送，他店の債権および債務の受取・支払，他店の収益および費用の立て替えがあります。

〈本 店 側〉　　　　　　　　　　　　〈支 店 側〉

| 支　店 | |
|---|---|
| 支店への貸し　○○ | 支店からの借り　×× |

| 本　店 | |
|---|---|
| 本店への貸し　×× | 本店からの借り　○○ |

## １．本支店間の送金取引

　本店および支店の間で手持資金を融通し合いますが，これを本支店間の送金取引と言います。本店が現金を支店に送金した場合は，本店においては借方が支店勘定，貸方が現金勘定に記入されます。逆に資金の提供を受けた支店においては，借方が現金勘定，貸方が本店勘定となります。

**設例12－2**
　本店は支店へ現金￥67,500を送金した。

| | | | | | | | |
|---|---|---|---|---|---|---|---|
| 本店（借）| 支 | 店 | 67,500 | （貸）| 現 | 金 | 67,500 |
| 支店（借）| 現 | 金 | 67,500 | （貸）| 本 | 店 | 67,500 |

## 2．本支店間での商品の積送取引

　本店で仕入れた商品または支店で仕入れた商品を支店または本店で販売することがあります。この場合，本支店間で商品が振り替えられ，積送されることになります。このような本支店間で商品を積送する際の価格は(1)原価で積送される場合，(2)原価に一定の利益を加算して積送される場合があります。また，本支店間で商品を積送する際の価格を振替価格と言います。

### （1）　原価で積送する場合

　（仕入）原価で商品を積送する場合には，商品を積送する側は仕入勘定の貸方に記入します。また，借方には本店が支店に積送した場合は，支店勘定に記入し，支店が本店に積送した場合には本店勘定に記入します。

### （2）　原価に一定の利益を加算して積送する場合

　原価に一定の利益を加えて商品を積送する場合のうち，本店が支店へ積送した場合は，本店側の仕訳は会社外部への通常の売上勘定と区別するために，**支店へ売上勘定**の貸方に記入します。借方は支店勘定に記入します。また，支店側の仕訳は，会社外部からの仕入と区別するため**本店より仕入勘定**に借方記入し，貸方は本店勘定に記入します。逆に，支店が本店へ積送した場合は，本店側は借方**支店より仕入勘定**，貸方支店勘定となり，支店側は借方本店勘定，貸方**本店へ売上勘定**となります。

### 設例12－3

① 　本店は仕入原価￥150,000の商品を原価に20％の利益を加算して支店に積送した。

　　本店（借）支　　　　店　　180,000　　（貸）支店へ売上　　180,000
　　支店（借）本店より仕入　　180,000　　（貸）本　　　　店　　180,000

② 　支店は仕入原価￥75,000の商品を原価に10％の利益を加算して本店に積送した。

　　本店（借）支店より仕入　　 82,500　　（貸）支　　　　店　　 82,500
　　支店（借）本　　　　店　　 82,500　　（貸）本店へ売上　　 82,500

## 3．本支店間での債権債務の決済取引

　本店が有する会社外部の顧客取引先の債権・債務を支店が回収・返済することがあります。また逆に，支店が有する会社外部の顧客取引先の債権・債務を本店が回収・返済することもあります。実際は本支店外部の顧客にとっては，本店も支店も同じ会社であり，本店または支店のいずれから債権を回収したり債務を返済しようと，大きな違いはありません。とはいえ支店独立会計制度を採用している会社では制度上，本店または支店の債権・債務を他店が回収・返済した場合，回収者・返済者を明確に区別して仕訳，記帳する必要があります。

設例12-4

① 本店は支店の売掛金¥37,500を小切手で回収した。また，その旨支店に連絡した。

| 本店（借）現 | 金 | 37,500 | （貸）支 | 店 | 37,500 |
| 支店（借）本 | 店 | 37,500 | （貸）売 掛 | 金 | 37,500 |

② 支店は本店の買掛金¥25,500を現金で返済し本店に連絡した。

| 本店（借）買 掛 | 金 | 25,500 | （貸）支 | 店 | 25,500 |
| 支店（借）本 | 店 | 25,500 | （貸）現 | 金 | 25,500 |

## 4．その他の本支店間の立替

これまで学習してきた1から3に加え，さらに本支店間の振替として，他店の費用の立替払いや収益の受取りに関する記帳などがあります。また決算時に支店の損益勘定で純損益が計上された場合，支店には独自に資本（金）勘定が設けてない場合が多いため，この純損益を本店勘定に振り替えます。本店では会社全体の損益を計算するため本店の損益勘定（総合損益勘定を設ける場合もある）に振り替える処理を行います。

設例12-5

決算になり，支店は¥45,000の純利益を計上し，その旨本店に連絡した。

| 本店（借）支 | 店 | 45,000 | （貸）損 | 益 | 45,000 |
| 支店（借）損 | 益 | 45,000 | （貸）本 | 店 | 45,000 |

# 第4節　支店相互間の取引

事業を拡大し支店が2店舗以上開設される場合，その支店相互間で行われる取引も発生します。この場合の取引の記帳方法は，支店分散計算制度または本店集中計算制度の2つがあります。支店分散計算制度では，各支店間の取引を他の支店勘定の名称（支店名など）をつけた勘定で記帳する方法です。この制度のもとでは，本店は各支店間の取引をその都度把握できないので支店の活動を管理するには不都合です。本店集中計算制度は，支店間の取引をすべて本店との取引とみなして記帳する方法であり，各支店は相手先の支店との取引を本店勘定に記入し，その報告を受けた本店ではそれぞれの名称（支店名など）をつけた支店勘定に記入します。この制度の場合，支店間の取引も本店で把握できるため支店の活動を管理することができます。

設例12-6

久留米商店は本店の他に柳川支店と八女支店で営業活動を行っている。以下の取引について支店分散計算制度および本店集中計算制度のもとでの各支店および本店の仕訳をしなさい。

① 柳川支店は八女支店に現金¥135,000を送金した。

② 八女支店は仕入原価￥60,000の商品を原価に10%の利益を加算して柳川支店に積送した。

＜支店分散計算制度＞
| | | | | | | | | |
|---|---|---|---|---|---|---|---|---|
| ① | 柳川支店 | （借）八女支店 | 135,000 | | （貸）現　　金 | 135,000 |
| | 八女支店 | （借）現　　金 | 135,000 | | （貸）柳川支店 | 135,000 |
| | 本　　店 | | | 仕訳なし | | |
| ② | 柳川支店 | （借）支店より仕入 | 66,000 | | （貸）八女支店 | 66,000 |
| | 八女支店 | （借）柳川支店 | 66,000 | | （貸）支店へ売上 | 66,000 |
| | 本　　店 | | | 仕訳なし | | |

＜本店集中計算制度＞
| | | | | | | | | |
|---|---|---|---|---|---|---|---|---|
| ① | 柳川支店 | （借）本　　店 | 135,000 | | （貸）現　　金 | 135,000 |
| | 八女支店 | （借）現　　金 | 135,000 | | （貸）本　　店 | 135,000 |
| | 本　　店 | （借）八女支店 | 135,000 | | （貸）柳川支店 | 135,000 |
| ② | 柳川支店 | （借）本店より仕入 | 66,000 | | （貸）本　　店 | 66,000 |
| | 八女支店 | （借）本　　店 | 66,000 | | （貸）本店へ売上 | 66,000 |
| | 本　　店 | （借）柳川支店 | 66,000 | | （貸）八女支店 | 66,000 |

# 第5節　未達取引の処理

　本支店間の取引では，連絡漏れや時間のズレなどが原因で，一方の店が記帳していて他方が記帳していない場合が生じることがあり，これを未達取引と言います。第2節でも述べたように，本店勘定と支店勘定の残高は貸借逆で一致するようになっていますが，未達取引がある場合には残高の不一致がおこります。未達は決算日までに修正しなければなりませんが，未達になる原因としては，商品取引の未達，送金の未達，債権債務の他店決済に伴う未達，費用収益の他店決済に伴う未達があります。これらの未達取引に関してはその取引を処理していない側で仕訳を行い本支店の貸借を一致させます。

設例12－7
　決算になり本店勘定と支店勘定が一致しなかったため，調査したところ次のことがわかった。本店，支店勘定に関する修正仕訳をしなさい。なお，勘定の数値は残高を表します。

① 本店から支店に商品¥30,000を送付したが支店に未達であった。

② 支店から本店に現金¥15,000を送金したが本店に未達であった。

③ 本店は支店の売掛金¥90,000を相手振り出しの小切手で回収したが，支店に未達であった。

　　　　① 支店（借）本店より仕入　　　30,000　　　（貸）本　　店　　30,000

　　　　② 本店（借）現　　金　　　　　15,000　　　（貸）支　　店　　15,000

　　　　③ 支店（借）本　　店　　　　　90,000　　　（貸）売　掛　金　　90,000

※　①の仕訳に関しては未達取引事項を未仕訳だった支店が仕訳を行います。

　　②では，未仕訳の本店が仕訳を行い，③では支店が売掛金を減少させる仕訳をします。

　　未達取引を修正仕訳すると下記の勘定のように貸借が一致します。（太字部分が修正仕訳）

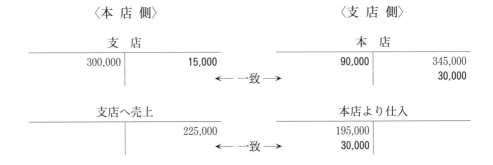

## 第6節　内部利益の控除

　本支店間では商品の積送において取引原価に一定の利益を加算して積送する場合があります。この利益は内部利益と呼ばれ，後節でも扱いますが決算時には内部利益を控除する処理を行わなければなりません。内部利益を加算して本店または支店に商品を積送している場合に，決算日時点でその商品がまだ売れずに，残っていれば，その商品に含まれている利益は未実現の利益なので，決算時に本支店合併の財務諸表を作成する際に控除しなければなりません。期末時点で下図のように本店から支店へ内部利益を加えて積送された商品が販売されず在庫として残れば未実現の利益が発生

することがわかります。これを未実現利益と言います。

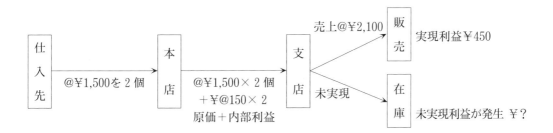

　未実現利益の計算方法に関しては次のように計算します。上図のように仕入先から仕入原価@
¥1,500で仕入れた商品に内部利益10%で@¥150の利益を加えて支店に積送した商品が期末時点で
在庫として売れ残っている場合を考えます。ここで，支店の本店からの仕入原価は¥1,650でこの
¥1,650に含まれる内部利益は次のように計算されます。

$$内部利益＝¥1,650×0.1／1.1＝¥150$$

設例12－8
　次の資料をもとに控除すべき内部利益の金額を計算しなさい。なお，本店から支店への商品の積
送分においては仕入原価に20%の利益が加えられている。
　[資料]　支店期末商品棚卸高¥285,000（本店より仕入分¥165,000）
　　　　　支店への未達商品　¥60,000
　　　　　内部利益＝（¥165,000＋¥60,000）×0.2／1.2＝¥37,500

# 第7節　本支店合併財務諸表の作成

　本店支店がある会社では，決算手続きの後，本店において本支店合併財務諸表すなわち会社全体
の財政状態を示す合併貸借対照表と経営成績を示す合併損益計算書を作成しなければなりません。
本支店合併財務諸表の作成には，未達取引事項および決算修正事項について処理するとともに以下
の手続きが必要になります。
① 本店勘定と支店勘定は本支店間の内部の取引を処理するために設けられた勘定です。そのため，
　合併財務諸表には記載されない勘定なのでこれらを相殺消去します。
② 本店より仕入（支店より仕入）勘定と支店へ売上（本店へ売上）勘定も上記と同様の理由で相
　殺消去します。
③ 本支店合併損益計算書では，期首商品棚卸高に含まれる内部利益を控除するとともに期末商品
　棚卸に含まれる内部利益も控除します。

本支店における同一勘定科目の金額を合算する。

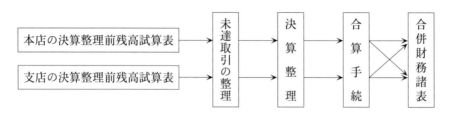

**設例12－9**

　以下の本店と支店の貸借対照表資料および未達取引に関する資料に基づき合併貸借対照表を作成しなさい。

本店貸借対照表
令和○年3月31日

| 現　　　金 | 600,000 | 買　掛　金 | 705,000 |
|---|---|---|---|
| 売　掛　金 | 525,000 | 借　入　金 | 585,000 |
| 商　　　品 | 375,000 | 貸倒引当金 | 45,000 |
| 備　　　品 | 1,350,000 | 備品減価償却累計額 | 450,000 |
| 車　　　両 | 900,000 | 車両減価償却累計額 | 300,000 |
| 支　　　店 | 930,000 | 資　本　金 | 2,250,000 |
| | | 当期純利益 | 345,000 |
| | 4,680,000 | | 4,680,000 |

支店貸借対照表
令和○年3月31日

| 現　　　金 | 345,000 | 買　掛　金 | 1,110,000 |
|---|---|---|---|
| 売　掛　金 | 270,000 | 貸倒引当金 | 15,000 |
| 商　　　品 | 375,000 | 備品減価償却累計額 | 375,000 |
| 備　　　品 | 1,050,000 | 車両減価償却累計額 | 255,000 |
| 車　　　両 | 600,000 | 本　　　店 | 750,000 |
| | | 当期純利益 | 135,000 |
| | 2,640,000 | | 2,640,000 |

**未達取引**

① 本店から支店に積送した商品¥60,000（原価）が支店に未達であった。

② 本店が支店の売掛金¥135,000を回収したが，支店に未達であった。

③ 支店から本店に現金¥240,000を送金したが本店に未達であった。

④ 支店が本店の支払手数料¥15,000を支払ったが，本店に未達であった。

［解答］

合併貸借対照表

令和○年3月31日

| 現　　金 | 1,185,000 | 買　掛　金 | 1,815,000 |
|---|---|---|---|
| 売　掛　金 | 660,000 | 借　入　金 | 585,000 |
| 商　　品 | 810,000 | 貸倒引当金 | 60,000 |
| 備　　品 | 2,400,000 | 備品減価償却累計額 | 825,000 |
| 車　　両 | 1,500,000 | 車両減価償却累計額 | 555,000 |
| | | 資　本　金 | 2,250,000 |
| | | 当期純利益 | 465,000 |
| | 6,555,000 | | 6,555,000 |

［解説］

(1) 本店と支店の貸借対照表における同一勘定科目の金額を合算します。

現 金 勘 定 ＝ ¥600,000（本店）＋ ¥345,000（支店）＝ ¥945,000

売掛金勘定 ＝ ¥525,000（本店）＋ ¥270,000（支店）＝ ¥795,000

$$\vdots$$

そうすると次のようになり，¥180,000の不一致があることがわかります。そこで，

| 現　　金 | 945,000 | 買　掛　金 | 1,815,000 |
|---|---|---|---|
| 売　掛　金 | 795,000 | 借　入　金 | 585,000 |
| 備　　品 | 750,000 | 貸倒引当金 | 60,000 |
| 備　　品 | 2,400,000 | 備品減価償却累計額 | 825,000 |
| 車　　両 | 1,500,000 | 車両減価償却累計額 | 555,000 |
| | | 資　本　金 | 2,250,000 |
| | | 当期純利益 | 480,000 |
| | 6,390,000 | | 6,570,000 |

(2) 未達取引の修正をします。

① ＜支店＞（借）未 達 商 品　　60,000　　　　（貸）本　　　店　　60,000

② ＜支店＞（借）本　　　店　　135,000　　　　（貸）売　掛　金　　135,000

③ ＜本店＞（借）未 達 現 金　　240,000　　　　（貸）支　　　店　　240,000

④ ＜本店＞（借）支払手数料　　15,000　　　　（貸）支　　　店　　15,000

　　ここで支払手数料は費用項目で損益取引になるので，当期純利益が¥15,000減少するように修正します。

（3）本店の支店勘定の残高と支店の本店勘定の残高が貸借逆に一致するかを確認した上で相殺消去します。

〈本店側〉　　　　　　　　　　　　　　　〈支店側〉

支　店

| | |
|---|---|
| 930,000 | **240,000** |
| | 15,000 |
| （残高）　675,000 | |

←　一致　→

本　店

| | |
|---|---|
| 135,000 | 750,000 |
| | **60,000** |
| | （残高）　675,000 |

本店勘定と支店勘定の相殺仕訳

（借）支　　店　　675,000　　　（貸）本　　店　　675,000

（4）合併後の貸借対照表では，未達現金は現金勘定に，未達商品は商品勘定に含めて記載します。

**練習問題**

次の（1）残高試算表，（2）未達事項，（3）期末修正事項によって，本支店合併の損益計算書と貸借対照表を作成しなさい。なお，作成にあたって本支店間の内部取引は相殺消去し，未実現の内部利益は商品棚卸高から直接控除すること。また，未達商品は期末商品に含めることとする。

（1）残高試算表

残高試算表

| 借　　方 | 本　店 | 支　店 | 貸　　方 | 本　店 | 支　店 |
|---|---|---|---|---|---|
| 現 金 預 金 | 240,000 | 210,000 | 買　　掛　　金 | 135,000 | 120,000 |
| 売　　掛　　金 | 480,000 | 345,000 | 貸 倒 引 当 金 | 6,000 | 3,000 |
| 受　取　手　形 | 30,000 | 15,000 | 減価償却累計額 | 180,000 | 120,000 |
| 繰 越 商 品 | 210,000 | 165,000 | 本　　　　店 | | 525,000 |
| 支　　　　店 | 600,000 | | 資　　本　　金 | 750,000 | |
| 建　　　　物 | 450,000 | 300,000 | 利 益 剰 余 金 | 120,000 | |
| 仕　　　　入 | 2,910,000 | 885,000 | 売　　　　上 | 3,675,000 | 1,947,000 |
| 本 店 よ り 仕 入 | | 465,000 | 支 店 へ 売 上 | 564,000 | |
| 営　　業　　費 | 510,000 | 330,000 | | | |
| | 5,430,000 | 2,715,000 | | 5,430,000 | 2,715,000 |

(2) 未達事項

① 本店から支店に積送した商品¥99,000が支店に未達であった。

② 本店が支店の売掛金¥30,000を回収したが，支店に未達であった。

③ 支店が本店の営業費¥6,000を支払ったが，本店に未達であった。


(3) 期末修正事項

① 期末商品棚卸高　　本店　¥240,000

　　　　　　　　　　支店　¥ 90,000（うち本店より仕入¥33,000）

なお，本年度より本店から支店へ商品を積送する際には原価に対し10％の利益が加算されている。

② 売掛金および受取手形期末残高に対し，本支店ともに２％の貸倒を見積もる（差額補充法による）。

③ 建物に対し，本支店ともに減価償却を行う（償却方法は定率法で償却率は25％）。

④ 支店において営業費の未払分¥30,000がある。

⑤ 本店において売上¥31,500があり現金で受け取っていたのが記入されていなかったので修正する。

［解答欄］

損 益 計 算 書

| 費　　用 | 金　額 | 収　　益 | 金　額 |
|---|---|---|---|
| 仕　　　　　　入 | | 期末商品棚卸高 | |
| 期 首 商 品 棚 卸 高 | | 売　　　　　　上 | |
| 営　　業　　費 | | | |
| 貸 倒 引 当 金 繰 入 | | | |
| 減 価 償 却 費 | | | |
| 当 期 純 利 益 | | | |

貸 借 対 照 表

| 資　　産 | 金　額 | 負債および純資産 | 金　額 |
|---|---|---|---|
| 現　金　預　金 | | 買　　掛　　金 | |
| 売　　掛　　金 | | 未 払 営 業 費 | |
| 受　取　手　形 | | 貸 倒 引 当 金 | |
| 商　　　　　品 | | 減 価 償 却 累 計 額 | |
| 建　　　　　物 | | 資　　本　　金 | |
| | | 利 益 剰 余 金 | |

# 第13章　帳簿組織と伝票式会計

　これまでは，各種取引についての基本的な処理方法や決算手続きなどについて説明してきました。しかし，企業の規模が大きくなってくると，取引量が増え，日々の記帳や転記業務の量が膨大になると想定されます。したがって，これらの諸手続きをいかにして軽減するかは，企業にとっての重要課題となります。本章では，**特殊仕訳帳制**や**伝票式会計**など，記帳手続きの簡略化や合理化をはかるために考えられた様々な工夫について説明します。

## 第1節　帳簿組織

### 1．帳簿体系

　帳簿と帳簿記録は不可分の関係にあり，企業の経済活動を記録し，計算するために，多種の帳簿が設けられています。これらの帳簿は有機的に統合されたひとつの体系を構成しており，次のようにまとめることができます。

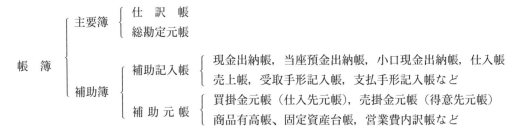

　この帳簿体系では，すべての取引を主要簿である**仕訳帳**に記帳し，その仕訳記録を勘定科目ごとに整理し，**総勘定元帳**の各勘定に転記します。それと同時に，その取引に該当する補助簿があれば，その補助簿にも取引内容を詳細に記帳します。ちなみに，補助簿は，特定の取引についての明細を発生順に記入する**補助記入帳**と，特定の勘定または事柄についての明細を口座別に記入する**補助元帳**に分類されます。

　このような，相互関連性を持った諸帳簿の体系を**帳簿組織**と言い，企業においてどんな帳簿組織をつくり，どの部門にどのような手順で記帳させるかを決めることを**帳簿組織の立案**と言います。

### 2．単一仕訳帳制と複合仕訳帳制

　帳簿組織には，**単一仕訳帳制**と**複合仕訳帳制**（または複数仕訳帳制，特殊仕訳帳制，分割仕訳帳制とも言う）があります。**単一仕訳帳制**とは，すべての取引を1冊の仕訳帳に記入し，それを総勘定元帳に転記するという方法で，複式簿記の基本的な帳簿組織です。必要に応じて現金出納帳，当

座預金出納帳，仕入帳，売上帳などを補助記入帳として，また買掛金元帳，売掛金元帳を補助元帳として用い，取引内容を詳細に記帳することもあります。

　しかし，企業の規模が大きくなり，取引が増えてくると単一仕訳帳制では業務に支障が出てくることもあります。なぜなら，単一仕訳帳制では1冊の仕訳帳に記入するため，記帳の作業を分割することができないからです。つまり複数人数で記帳作業を分担して行うことができないということです。またこの方法ではひとつの取引に対して数種類の帳簿に記帳するため，記帳ミスをしやすくなります。そこで用いられるのが**複合仕訳帳制**です。

　これは，従来の仕訳帳から総勘定元帳への転記とともに，企業の取引のうち頻繁に行われる取引の補助記入帳（現金出納帳，当座預金出納帳，仕入帳，売上帳など）にも仕訳帳としての機能を持たせ，補助記入帳からも総勘定元帳に転記を行う方法です。この仕訳帳としての機能を持つ補助記入帳は**特殊仕訳帳**と言われ，それに対し，従来の仕訳帳は**普通仕訳帳**と言われています。

## 3．特殊仕訳帳の記帳

　特殊仕訳帳とした補助記入帳は，実際にはどのように使われているのでしょうか。

（1）現金出納帳

　現金出納帳を特殊仕訳帳として用いる場合には，その仕訳帳としての役割を十分に果たすように，**勘定科目欄**と**元丁欄**を加えます。その様式には**残高式**と**標準式**があり，実務でよく用いられるのは**残高式**ですが，**標準式**はわかりやすいため，しばしば簿記の学習で用いられます。

【残高式】

### 現 金 出 納 帳

| 令和○年 | 勘定科目 | | 摘　　要 | 元丁 | 収入（借　方） | 支出（貸　方） | 残高 |
|---|---|---|---|---|---|---|---|
| | 借　方 | 貸　方 | | | | | |

【標準式】

### 現 金 出 納 帳

| 令和○年 | 勘定科目 | 摘　　要 | 元丁 | 借　方 | 令和○年 | 勘定科目 | 摘　　要 | 元丁 | 貸　方 |
|---|---|---|---|---|---|---|---|---|---|

勘定科目欄……現金の相手勘定を記入する。

元丁欄……相手勘定が特別欄でない場合は**個別転記**（仕訳帳へ記入する度に総勘定元帳に転記する）をするため，総勘定元帳の丁数を記入する。相手勘定が特別欄である場合は個別転記を行わないので，「✓（チェック・マーク）」を記入する。言い換えれば，「✓」されたものは**合計転記**（定期的に合計額を算出してその額を総勘定元帳に転記する）されることになる。

　また，現金収入の多くが売掛金の入金額であり，現金支出の多くが買掛金の出金額である場合は，**標準式**の様式をベースに，借方に売掛金欄，貸方に買掛金欄という**特別欄**を設けることがあります。売掛金と買掛金以外の入金と出金については，**諸口欄**を設けて記入します。このような特別欄と諸口欄を設けた現金出納帳を**多欄式現金出納帳**と言います。以下では，多欄式現金出納帳を用いた例題をみてみましょう。

設例13－1

　次の取引について，売掛金と買掛金の二つの特別欄を設けた現金出納帳に記帳して締め切り，総勘定元帳および補助元帳の各勘定に転記しなさい。なお，当店では現金出納帳のみを特殊仕訳帳として用いている。

　4月1日　現金の前月繰越高は¥100,000である。

　　　4日　札幌商店に対する買掛金¥30,000を現金で支払った。

　　　7日　秋田商店の商品売買の仲介を行い，手数料¥10,000を現金で受け取った。

　　　9日　大阪商店から商品¥50,000を仕入れ，代金は現金で支払った。

　　15日　東京商店から売掛金¥70,000を現金で受け取った。

　　17日　神戸商店に対する買掛金のうち，¥110,000は現金で支払った。

　　19日　京都商店に商品¥140,000を売り渡し，代金は現金で受け取った。

　　22日　奈良商店に対する売掛金のうち，¥60,000を現金で受け取った。

　　25日　従業員の本月分の給料¥80,000を現金で支払った。

## 現 金 出 納 帳

| 令和○年 | | 勘定科目 | 摘　要 | 元丁 | 売掛金 | 諸　口 | 令和○年 | | 勘定科目 | 摘　要 | 元丁 | 買掛金 | 諸　口 |
|---|---|---|---|---|---|---|---|---|---|---|---|---|---|
| 4 | 7 | 受取手数料 | 秋田商店 | 32 | | 10,000 | 4 | 4 | 買　掛　金 | 札幌商店 | 買1 | 30,000 | |
| | 15 | 売　掛　金 | 東京商店 | 売1 | 70,000 | | | 9 | 仕　　　入 | 大阪商店 | 42 | | 50,000 |
| | 19 | 売　　　上 | 京都商店 | 31 | | 140,000 | | 17 | 買　掛　金 | 神戸商店 | 買2 | 110,000 | |
| | 22 | 売　掛　金 | 奈良商店 | 売2 | 60,000 | | | 25 | 給　　　料 | 本月分支払 | 49 | | 80,000 |
| | | | | | 130,000 | 150,000 | | | | | | 140,000 | 130,000 |
| | 30 | | 売　掛　金 | 3 | | 130,000 | | 30 | | 買　掛　金 | 13 | | 140,000 |
| | 〃 | | （現金） | 1 | | 280,000 | | 〃 | | （現金） | 1 | | 270,000 |
| | | | 前月繰越 | ✓ | | 100,000 | | | | 次月繰越 | ✓ | | 110,000 |
| | | | | | | 380,000 | | | | | | | 380,000 |

## 総 勘 定 元 帳

| 　　　　現　　　金　　　　　1 | | 　　　　売　　掛　　金　　　　3 | |
|---|---|---|---|
| 4/1 前月繰越 100,000 | 4/30現金出納帳 270,000 | 4/1 前月繰越　×××| 4/30現金出納帳 130,000 |
| 30 現金出納帳 280,000 | | | |

| 　　　　買　　掛　　金　　　13 | | 　　　　売　　　　上　　　　31 | |
|---|---|---|---|
| 4/30現金出納帳 140,000 | 4/1 前月繰越　××× | | 4/19現金出納帳 140,000 |

| 　　受 取 手 数 料　　　32 | | 　　　仕　　　　入　　　42 | |
|---|---|---|---|
| | 4/7 現金出納帳　10,000 | 4/9 現金出納帳　50,000 | |

| 　　　　給　　　料　　　49 | |
|---|---|
| 4/25現金出納帳　80,000 | |

## 売 掛 金 元 帳

| 東 京 商 店 | | | 1 |
|---|---|---|---|
| 4/1 前月繰越 ××× | 4/15現金受取り | 70,000 | |

| 奈 良 商 店 | | | 2 |
|---|---|---|---|
| 4/1 前月繰越 ××× | 4/22現金受取り | 60,000 | |

## 買 掛 金 元 帳

| 札 幌 商 店 | | | 1 |
|---|---|---|---|
| 4/4 現金支払い 30,000 | 4/1 前月繰越 | ××× | |

| 神 戸 商 店 | | | 2 |
|---|---|---|---|
| 4/17現金支払い 110,000 | 4/1 前月繰越 | ××× | |

現金出納帳は次の順序で締め切ります。
①　借方現金収入合計額に前月繰越高を加える。
②　借方現金収入合計額と貸方現金支出合計額の差額で次月繰越高を算出し，貸方に赤記して貸借を一致させる。

転記は次の順序で行います。
①　売掛金欄と買掛金欄に記入した金額を，売掛金元帳と買掛金元帳の該当する各人名勘定に個別転記すると同時に，元丁欄には「売1」や「買1」などそれぞれに記入する。なお，総勘定元帳の売掛金勘定と買掛金勘定には個別転記をしない。ただし，売掛金元帳を用いない場合は，元丁欄に「✓」を記入する。
②　諸口欄に記入した金額は，総勘定元帳の該当する勘定に個別転記し，元丁欄には転記先の口座の丁数を記入する。
③　月末に各金額欄の合計額を算出する。売掛金欄の合計額は売掛金勘定の貸方に，買掛金欄の合計額は買掛金勘定の借方に，それぞれ合計転記する。また，借方現金収入合計額と貸方現金支出合計額は現金勘定の借方と貸方にそれぞれ合計転記する。

(2) 当座預金出納帳

当座預金出納帳を特殊仕訳帳として用いる場合，その様式や記帳方法，転記の仕方は，上述した現金出納帳の場合と基本的には同じです。

### 当 座 預 金 出 納 帳

| 令和○年 | 勘定科目 | 摘　　要 | 元丁 | 売掛金 | 諸　口 | 令和○年 | 勘定科目 | 摘　　要 | 元丁 | 買掛金 | 諸　口 |
|---|---|---|---|---|---|---|---|---|---|---|---|
| | | | | | | | | | | | |

(3) 仕入帳

仕入帳を特殊仕訳帳として用いる場合は，勘定科目欄，諸口欄，元丁欄を設けます。

### 仕 　 入 　 帳

| 令和○年 | 勘定科目 | 摘　　要 | 元丁 | 買掛金 | 諸　口 |
|---|---|---|---|---|---|
| | | | | | |

(4) 売上帳

売上帳を特殊仕訳帳として用いる場合は，仕入帳の場合と同じく，勘定科目欄，諸口欄，元丁欄を設けます。

売　　上　　帳

| 令和〇年 | 勘定科目 | 摘　　要 | 元丁 | 売掛金 | 諸　口 |
|---|---|---|---|---|---|
| | | | | | |

(5) 普通仕訳帳

特殊仕訳帳を用いる場合，ほとんどの取引が各種の特殊仕訳帳に記入されるため，通常，普通仕訳帳には，これらの特殊仕訳帳に記入されなかった取引のみが記帳されます。たとえば，特殊仕訳帳として，現金出納帳や当座預金出納帳，売上帳ならびに仕入帳などを用いる場合であれば，以下のようなものが普通仕訳帳に記帳されます。

開始仕訳：営業開始のとき，前期繰越高の記入

営業取引：特殊仕訳帳に記帳されない営業取引の仕訳の記入

訂正仕訳：勘定科目や金額などを誤記入したときの訂正仕訳の記入

合計仕訳：特殊仕訳帳から総勘定元帳へ合計転記をするときの記入

決算仕訳：決算における決算整理仕訳および決算振替仕訳の記入

普　通　仕　訳　帳

| 令和〇年 | 摘　　要 | 元丁 | 借　　方 | 貸　　方 |
|---|---|---|---|---|
| | | | | |

4．特殊仕訳帳からの転記

(1) 個別転記と合計転記

特殊仕訳帳はそもそも，企業の転記業務の省力化のために考案された手法であることから，これを用いると，当然ながら転記の回数が減り，さらに特別欄を設けることでいっそう転記業務の軽減がはかられます。特殊仕訳帳から総勘定元帳への転記には，**個別転記**と**合計転記**があり，その転記方法は，次の表のようにまとめられます。

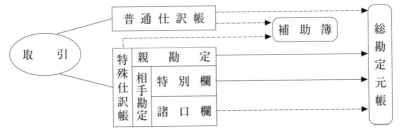

**親勘定**とは，現金出納帳の現金勘定のように，特殊仕訳帳の名称となっている勘定を指す。
──→ は合計転記，-----▶ は個別転記を示す。

## （2）二重転記の防止

特殊仕訳帳として複数の補助簿を用いる場合，ひとつの取引が複数の特殊仕訳帳に記帳されるため，**二重仕訳**となります。たとえば，現金出納帳と仕入帳を特殊仕訳帳として使用した場合，現金仕入の取引は二つの特殊仕訳帳のそれぞれに記入されます。しかし，このまま特殊仕訳帳から転記すれば，総勘定元帳への転記も重複してしまいます。この重複転記を**二重転記**と言います。このような二重転記を防止するために，特殊仕訳帳で相手勘定も特殊仕訳帳へ記入される場合は，その取引の相手勘定科目は個別転記せず，元丁欄に「✓」マークをつけます。

## 設例13－2

次の取引について，特殊仕訳帳として設定されている当座預金出納帳，売上帳および仕入帳に記入しなさい。なお，当座預金の前月繰越高は¥100,000で，総勘定元帳の各元帳の丁数は，当座預金は2，売掛金は3，受取手形は5，買掛金は13，売上は31，仕入は42とする。

5月4日　山形商店に次の商品を売り渡し，代金は同店振出しの小切手で受け取り，ただちに当座預金とした。

   A商品　200個　@¥2,000　　¥400,000

 9日　埼玉商店から次の商品を仕入れ，代金は小切手を振り出して支払った。

   B商品　200個　@¥1,500　　¥300,000

 10日　長野商店から次の商品を仕入れ，代金は掛けとした。

   C商品　300個　@¥2,000　　¥600,000

 12日　長野商店から10日に仕入れた商品のうち，20個は品違いのため返品し，代金は買掛金と相殺した。

 15日　受取手形¥150,000が決済され，当座預金に振り込まれた。

 17日　滋賀商店に次の商品を売り渡し，代金は掛けとした。

   C商品　200個　@¥2,500　　¥500,000

 19日　17日に滋賀商店に売り渡した商品のうち一部に傷があったため，¥50,000の値引きをし，売掛金と相殺した。

 20日　島根商店に対する買掛金¥450,000は小切手を振り出して支払った。

 22日　山口商店に対する売掛金のうち，¥250,000を小切手で受け取り，ただちに当座預金とした。

## 当 座 預 金 出 納 帳

| 令和○年 | | 勘定科目 | 摘　要 | 元丁 | 売掛金 | 諸　口 | 令和○年 | | 勘定科目 | 摘　要 | 元丁 | 買掛金 | 諸　口 |
|---|---|---|---|---|---|---|---|---|---|---|---|---|---|
| 5 | 4 | 売　　上 | 山形商店 | ✓ | | 400,000 | 5 | 9 | 仕　　入 | 埼玉商店 | ✓ | | 300,000 |
| | 15 | 受取手形 | | 5 | | 150,000 | | 20 | 買　掛　金 | 島根商店 | ✓ | 450,000 | |
| | 22 | 売　掛　金 | 山口商店 | ✓ | 250,000 | | | | | | | | |
| | | | | | 250,000 | 550,000 | | | | | | 450,000 | 300,000 |
| | 31 | | 売掛金 | 3 | | 250,000 | | 31 | | 買掛金 | 13 | | 450,000 |
| | 〃 | | （当座預金） | 2 | | 800,000 | | 〃 | | （当座預金） | 2 | | 750,000 |
| | | | 前月繰越 | ✓ | | 100,000 | | | | 次月繰越 | ✓ | | 150,000 |
| | | | | | | 900,000 | | | | | | | 900,000 |

## 仕　　入　　帳

| 令和○年 | | 勘定科目 | 摘　　要 | 元丁 | 買掛金 | 諸　口 |
|---|---|---|---|---|---|---|
| 5 | 9 | 当座預金 | 埼玉商店　　　　　　小切手 | ✓ | | 300,000 |
| | | | B商品　　200個　　@¥1,500 | | | |
| | 10 | 買　掛　金 | 長野商店　　　　　　掛け | ✓ | 600,000 | |
| | | | C商品　　300個　　@¥2,000 | | | |
| | 12 | 買　掛　金 | 長野商店　　　　　　掛戻し | ✓ | 40,000 | |
| | | | C商品　　20個　　@¥2,000 | | | |
| | | | | | 600,000 | 300,000 |
| | 31 | | （買掛金） | 13 | | 600,000 |
| | 〃 | | 総仕入高 | 42 | | 900,000 |
| | 〃 | | 仕入戻し高 | 13/42 | | 40,000 |
| | | | 純仕入高 | | | 860,000 |

## 売　　上　　帳

| 令和○年 | | 勘定科目 | 摘　　要 | 元丁 | 売掛金 | 諸　口 |
|---|---|---|---|---|---|---|
| 5 | 4 | 当座預金 | 山形商店　　　　　　小切手 | ✓ | | 400,000 |
| | | | A商品　　200個　　@¥2,000 | | | |
| | 17 | 売　掛　金 | 滋賀商店　　　　　　掛け | ✓ | 500,000 | |
| | | | C商品　　200個　　@¥2,500 | | | |
| | 19 | 売　掛　金 | 滋賀商店　　　　　　掛値引 | ✓ | 50,000 | |
| | | | | | 500,000 | 400,000 |
| | 31 | | （売掛金） | 3 | | 500,000 |
| | 〃 | | 総売上高 | 31 | | 900,000 |
| | 〃 | | 売上値引高 | 3/31 | | 50,000 |
| | | | 純売上高 | | | 850,000 |

## 第2節　伝票式会計

　これまでは，取引を仕訳して，各種主要簿と補助簿に記帳する方法についてみてきましたが，実務においては，記帳するにあたり，まず取引そのものに信憑性があるかどうかを確かめる必要があり，そのための証明資料として納品書や領収証，小切手控えなどが用いられます。取引の事実を証明するためのこれらの資料を証憑（しょうひょう）と言い，補助簿の代用とされることもあります。また，取引内容を企業内の関係部署に簡潔に伝達し，記帳作業の効率化をはかるためなどの理由から，証憑などに基づいて，一定の様式を備えた紙片に取引内容を記入するという実務的手法も一般的に用いられています。この紙片のことを伝票と言い，伝票に記入することを起票と言います。証憑は，個々の取引ごとに作成され，受け渡しが行われているため，伝票と結び付けて処理されると，記帳の合理化に大いに貢献します。また，どのような伝票を使うかによって，**1伝票制，3伝票制**および**5伝票制**の三つの方法があります。

### 1．1伝票制

　1伝票制とは，取引を仕訳の形式で記入する仕訳伝票を用いて，1取引ごとに伝票1枚を作成し，総勘定元帳や補助簿に記入する伝票制度です。また，仕訳は仕訳帳に記入することによって行われるのが原則ですが，仕訳伝票を日付順に綴り込むことで仕訳帳の代用とすることができます。もっとも，現在の実務では，仕訳帳はほとんど使用されておらず，簿記教育上だけに残されています。

**設例13－3**

　次の取引を仕訳伝票に起票しなさい。

　5月24日　青森商店から次の商品を仕入れ，代金のうち¥30,000を現金で支払い，残額は掛けとした。（伝票番号No.43）

　　　　　D商品　100個　@¥800　¥80,000

| 仕訳伝票　No.43<br>令和○年5月24日 | | | | | 主任印 | 記帳印 | 係印 | |
|---|---|---|---|---|---|---|---|---|
| 勘定科目 | 元丁 | 借　方 | | 勘定科目 | 元丁 | 貸　方 | | |
| 仕　入 | 42 | 80000 | | 現　金 | 1 | 30000 | | |
| | | | | 買掛金 | 13 | 50000 | | |
| 合　計 | | ¥80000 | | 合　計 | | ¥80000 | | |
| 摘　要 | | 青森商店　D商品　100個　@¥800　¥80,000 | | | | | | |

なお，上記伝票の**主任印欄**には会計責任者，**記帳印欄**には元帳記入者，そして**係印欄**には起票者がそれぞれ確認の上，押印します。


## ２．３伝票制

　企業にとって最も頻発する取引は現金収支取引です。そこでそれらに対しては，仕訳伝票の借方または貸方科目欄への「現金」の記入を省いた専用伝票を用いることで，さらに起票の合理化をはかった方法が３伝票制です。この方法では現金の入金に使用される**入金伝票**（一般に赤色で印刷されているところから，**赤伝**とも呼ばれる），現金の出金に使用される**出金伝票**（一般に青色で印刷されているところから，**青伝**とも呼ばれる），現金の入出金以外に使用される**振替伝票**（一般に黒色で印刷されているところから，**黒伝**とも呼ばれる）が用いられます。なお，３伝票制において，ひとつの取引のなかに，現金取引とそれ以外の振替取引が混在している場合，この取引を**一部現金取引**または**一部振替取引**と言います。


### 設例13－4

　次の取引について仕訳し，３伝票制による伝票記入をしなさい。

　６月６日　　札幌商店へ次の商品を売り渡し，代金のうち¥40,000は現金で受け取り，残額は掛けとした。（振替伝票番号No.73，入金伝票番号No.20）

　　　　　　　E商品　200個　@¥2,000　¥400,000


　このときの伝票の書き方には二つの方法があります。

① 取引を分割する方法

　　現金と現金以外のものに分割し，現金で入金された分を入金伝票で起票し，残りの現金以外のもの（この設例の場合は売掛金）を振替伝票で起票します。

```
6／6    （借）現　　　金    40,000    （貸）売　　　上    40,000
        　　　売 掛 金   360,000    　　　売　　　上   360,000
```

| 入金伝票　　　　No.20 | 振替伝票　　　　　No.73 |
|---|---|
| 令和○年６月６日 | 令和○年６月６日 |
| 売　上　40,000 | 売掛金（札幌商店）360,000　売　上　360,000 |

② 取引を擬制する方法

　　取引を擬制して，全額をいったん掛け取引として処理する。そのためにまず振替伝票で起票し，次に現金を入金伝票で起票します。

```
6／6    （借）売 掛 金   400,000    （貸）売　　　上   400,000
        　　　現　　　金    40,000    　　　売 掛 金    40,000
```

| 振替伝票　　　　No.73 | 入金伝票　　　　No.20 |
|---|---|
| 令和○年6月6日 | 令和○年6月6日 |
| 売掛金（札幌商店）400,000　売　上　400,000 | 売掛金（札幌商店）40,000 |

## 3．5伝票制

　先に学んだ3伝票制の三つの伝票に加え，売上取引には**売上伝票**，仕入取引には**仕入伝票**という5種類の伝票による記入方法を**5伝票制**と言います。売上伝票と仕入伝票を用いることで，売上取引・仕入取引が入・出金伝票に分散化されることはなくなり，両伝票を集計すれば，全売上・仕入額を把握することもできます。また，二重転記を避け，伝票の集計手続きを簡単にするために，現金，小切手，手形など代金のいかんに関係なく，すべていったん掛取引として処理し，同時にその掛代金を支払または回収したという起票処理を行います。なお，返品および値引きについては，売上伝票または仕入伝票に赤字で記入します。

### 設例13-5

　次の取引について仕訳し，5伝票制による伝票記入をしなさい。

　6月16日　青森商店から次の商品を仕入れ，代金のうち¥150,000は現金で支払い，残額は掛けとした。（仕入伝票番号No.41，出金伝票番号No.30）

　　　　　　F商品　100個　@¥2,400　¥240,000

　　26日　秋田商店へ次の商品を売り渡し，代金のうち¥50,000は現金で受け取り，残額は掛けとした。（売上伝票番号No.53，入金伝票番号No.24）

　　　　　　G商品　100個　@¥3,000　¥300,000

　　　　6／16　（借）仕　　　入　240,000　　（貸）現　　　金　150,000
　　　　　　　　　　　　　　　　　　　　　　　　　　買　掛　金　　90,000

| 仕入伝票　　　　No.41 | 出金伝票　　　　No.30 |
|---|---|
| 令和○年6月16日 | 令和○年6月16日 |
| 青森商店　240,000 | 買掛金（青森商店）150,000 |

　　　　6／26　（借）現　　　金　　50,000　　（貸）売　　　上　300,000
　　　　　　　　　　　　売　掛　金　250,000

| 売上伝票　　　　No.53 | 入金伝票　　　　No.24 |
|---|---|
| 令和○年6月26日 | 令和○年6月26日 |
| 秋田商店　300,000 | 売掛金（秋田商店）　50,000 |

## 4．仕訳集計表作成と合計転記

　先に述べたとおり，伝票制度は記帳の合理化のために，実務的には広く採用されている制度です。しかし，伝票そのものが小紙片であるため紛失しやすく，取引の量が増加してくると，かえって転記事務を煩雑にさせる恐れさえあります。

　伝票の枚数が少ない場合は，伝票１枚ごとに行う方式（**個別転記**）によることもできますが，枚数が多い場合は，手間とミスを軽減させるために，１日または一定期間ごとに伝票をまとめ，**仕訳集計表**を作成し，これによって**合計転記**を行います。このとき，１日分の伝票を集計する表を**仕訳日計表**と言い，１週間の伝票を集計する表を**仕訳週計表**，１ヶ月の伝票を集計する表を**仕訳月計表**と言います。

　なお，仕訳集計表から総勘定元帳に合計転記する場合は，仕訳集計表の元丁欄に総勘定元帳の勘定口座番号またはページ数を記入し，総勘定元帳の各勘定口座の摘要欄に「仕訳集計表」と記入します。また，補助元帳へは，伝票から直接に個別転記します。その場合，総勘定元帳の各勘定口座の摘要欄には伝票の種類，仕丁欄には伝票番号を記入します。

設例13－6

　7月1日の取引について起票した次の各伝票により，仕訳集計表を作成し，総勘定元帳への転記を示しなさい。なお，当店は5伝票制をとっている。

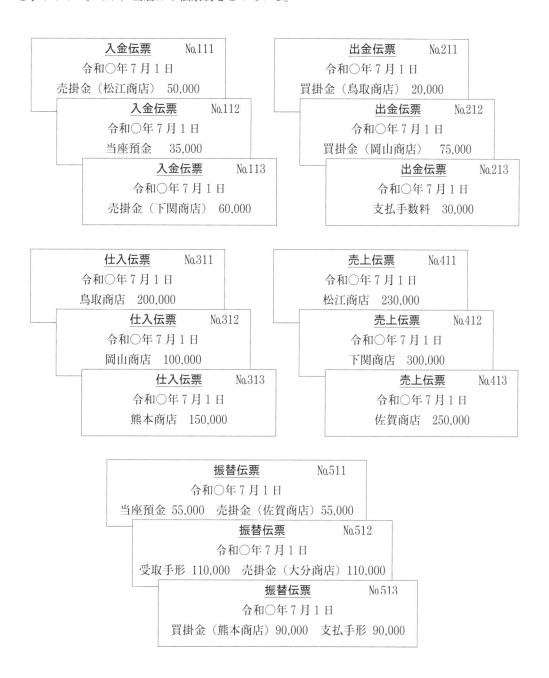

入金伝票　　　　No.111
令和○年7月1日
売掛金（松江商店）　50,000

入金伝票　　　　No.112
令和○年7月1日
当座預金　35,000

入金伝票　　　　No.113
令和○年7月1日
売掛金（下関商店）　60,000

出金伝票　　　　No.211
令和○年7月1日
買掛金（鳥取商店）　20,000

出金伝票　　　　No.212
令和○年7月1日
買掛金（岡山商店）　75,000

出金伝票　　　　No.213
令和○年7月1日
支払手数料　30,000

仕入伝票　　　　No.311
令和○年7月1日
鳥取商店　200,000

仕入伝票　　　　No.312
令和○年7月1日
岡山商店　100,000

仕入伝票　　　　No.313
令和○年7月1日
熊本商店　150,000

売上伝票　　　　No.411
令和○年7月1日
松江商店　230,000

売上伝票　　　　No.412
令和○年7月1日
下関商店　300,000

売上伝票　　　　No.413
令和○年7月1日
佐賀商店　250,000

振替伝票　　　　No.511
令和○年7月1日
当座預金　55,000　　売掛金（佐賀商店）55,000

振替伝票　　　　No.512
令和○年7月1日
受取手形　110,000　　売掛金（大分商店）110,000

振替伝票　　　　No.513
令和○年7月1日
買掛金（熊本商店）90,000　　支払手形　90,000

解答

**仕 訳 集 計 表**　　　　No. 7 - 1

令和○年 7 月 1 日

| 借　　方 | 元丁 | 勘 定 科 目 | 元丁 | 貸　　方 |
|---:|:---:|:---|:---:|---:|
| 145,000 | 1 | 現　　　　　金 | 1 | 125,000 |
| 55,000 | 2 | 当 座 預 金 | 2 | 35,000 |
| 110,000 | 3 | 受 取 手 形 | | |
| 780,000 | 7 | 売 　 掛 　 金 | 7 | 275,000 |
| | | 支 払 手 形 | 12 | 90,000 |
| 185,000 | 13 | 買 　 掛 　 金 | 13 | 450,000 |
| | | 売　　　　　上 | 23 | 780,000 |
| 450,000 | 37 | 仕 　 　 　 入 | | |
| 30,000 | 39 | 支 払 手 数 料 | | |
| 1,755,000 | | | | 1,755,000 |

**総 勘 定 元 帳**

現　　金　　　　1
7/1 前月繰越 ×××｜7/1 仕訳集計表 125,000
〃 仕訳集計表 145,000｜

当 座 預 金　　　2
7/1 前月繰越 ×××｜7/1 仕訳集計表 35,000
〃 仕訳集計表 55,000｜

受 取 手 形　　　3
7/1 仕訳集計表 110,000｜

売 　 掛 　 金　　　7
7/1 前月繰越 ×××｜7/1 仕訳集計表 275,000
〃 仕訳集計表 780,000｜

支 払 手 形　　　12
｜7/1 仕訳集計表 90,000

買 　 掛 　 金　　　13
7/1 仕訳集計表 185,000｜7/1 前月繰越 ×××
｜〃 仕訳集計表 450,000

売　　上　　　23
｜7/1 仕訳集計表 780,000

仕　　入　　　37
7/1 仕訳集計表 450,000｜

支 払 手 数 料　　　39
7/1 仕訳集計表 30,000｜

**練習問題**

1．本章設例13-2の特殊仕訳帳（当座預金出納帳，仕入帳および売上帳）について，下記普通仕
訳帳に合計転記を行いなさい。ただし，合計転記は月末に行うものとし，総勘定元帳は省略する。

### 普 通 仕 訳 帳

| 令和○年 | | 摘　　　　要 | | 元丁 | 借　方 | 貸　方 |
|---|---|---|---|---|---|---|
| 5 | 31 | （当座預金） | 諸口 | 2 | （　　　　） | |
| | | | （売掛金） | 3 | | （　　　　） |
| | | | （諸　口） | ✓ | | （　　　　） |
| | | 当座預金出納帳借方より | | | | |
| | 〃 | 諸口 | （当座預金） | 2 | | （　　　　） |
| | | （買掛金） | | 13 | （　　　　） | |
| | | （諸　口） | | ✓ | （　　　　） | |
| | | 当座預金出納帳貸方より | | | | |
| | 〃 | （仕　入） | 諸口 | 42 | （　　　　） | |
| | | | （買掛金） | 13 | | （　　　　） |
| | | | （諸　口） | ✓ | | （　　　　） |
| | | 仕入帳総仕入高より | | | | |
| | 〃 | （買掛金） | | 13 | （　　　　） | |
| | | | （仕　入） | 42 | | （　　　　） |
| | | 仕入帳仕入戻し高より | | | | |
| | 〃 | 諸口 | （売　上） | 31 | | （　　　　） |
| | | （売掛金） | | 3 | （　　　　） | |
| | | （諸　口） | | ✓ | （　　　　） | |
| | | 売上帳総売上高より | | | | |
| | 〃 | （売　上） | | 31 | （　　　　） | |
| | | | （売掛金） | 3 | | （　　　　） |
| | | 売上帳売上値引高より | | | | |

－ 133 －

2．次の各伝票に記入されている内容から元となる取引を推定し，その取引の仕訳をしなさい。
なお，当店は3伝票制をとっている。

(1)

| 入金伝票 |
| --- |
| 令和〇年12月20日 |
| 売掛金　100,000 |

| 振替伝票 |
| --- |
| 令和〇年12月20日 |
| 売 掛 金 400,000　売　　上 400,000 |

(2)

| 入金伝票 |
| --- |
| 令和〇年12月22日 |
| 売　上　100,000 |

| 振替伝票 |
| --- |
| 令和〇年12月22日 |
| 売 掛 金 300,000　売　　上 300,000 |

| 出金伝票 |
| --- |
| 令和〇年12月22日 |
| 発送費　　10,000 |

(3)

| 出金伝票 |
| --- |
| 令和〇年12月23日 |
| 買掛金　　10,000 |

| 振替伝票 |
| --- |
| 令和〇年12月23日 |
| 仕　　　入 400,000　買 掛 金 400,000 |

| 振替伝票 |
| --- |
| 令和〇年12月23日 |
| 買 掛 金 100,000　当座預金 100,000 |

仕　訳

| | 借 方 科 目 | 金 額 | 貸 方 科 目 | 金 額 |
|---|---|---|---|---|
| (1) | | | | |
| (2) | | | | |
| (3) | | | | |

# 第14章　法人税の計算

　本章では法人税の計算の基礎を学習しますが，法人税額の計算は，税理士が行う高度に専門性の高い計算領域です。これまでみなさんは，費用・収益の差額として当期純利益を算出する企業会計の計算過程を学びました。ここでは損金・益金の差額として法人所得を算出する過程を主に学習します。損金・益金の概念は企業会計には無い税法独自の概念ですから，企業会計で学んだ費用・収益概念を本章学習の基礎とし，企業会計と税務会計の計算構造の違いを学習しましょう。

## 第1節　法人税の概要

### 1．納税義務者

　法人税は，課税権が国にあることから所得税・酒税・消費税・関税などと同じ国税であり，納税者と負担者が一致することから，所得税・相続税・贈与税・固定資産税などと同じ直接税です。また法人税は，その税収の使途を特定しないので普通税に分類されます。

　法人税法に規定される納税義務を負う者とは，国内に本店又は主たる事務所を有する法人（内国法人）と外国法人になります。そのうち内国法人は次のように分類されます。

① 　納税義務のない公共法人（日本放送協会・住宅金融公庫・国民生活金融公庫など）

② 　収益事業に低率課税される公益法人など（税理士会・司法書士会・商工会議所・日本赤十字社・弁護士会など）

③ 　収益事業に普通税率課税される人格のない社団など（同窓会・P.T.A.など）

④ 　すべての事業に対して低率課税される協同組合など（漁業協同組合・消費生活協同組合・農業協同組合・信用金庫など）

⑤ 　すべての事業に対して普通課税される普通法人（合名会社・合資会社・有限会社・株式会社）

### 2．青色申告とその特典

　法人税には所得税などと同様に**申告納税制度**が導入されています。この制度は納税者の自主的な報告によって納税額を確定する方式ですから，課税側が納税側の申告を信頼するという前提で成立します。そこで納税者に一定の帳簿書類を備え付けさせ，所定の事項を税務書類に記載の上，申告書を提出させることにしています。この制度を**青色申告制度**といいます（法人税法（以下，法法と略す）121）。法人が税額を算定することになるので，申告のためには簿記が必要となります。青色申告制度とは，シャウプ勧告に基づき，昭和25年（1950年）の税制改正によって実現しました。

　青色申告制度は，法人に帳簿を備え付けさせることで正確な課税を実現することができ，徴税側に利点があります。他方，納税側にとっては手間をかけて帳簿をつけ，青色申告法人となることで，

次のような特典が与えられますが，青色申告法人になるためには納税地の所轄税務署長の承認を受ける必要があります。

① 各種準備金の預金算入

② 減価償却の特例（耐用年数の短縮）・特別償却・割増償却

③ 特別控除の特例

④ 欠損金の繰越控除

⑤ 更正の制限

⑥ 欠損金の繰戻しによる還付

ところで法人税法では納税を円滑に行うために，各法人の事業年度開始の日から6ヶ月を経過した時点より2ヶ月以内に中間納付を行うこととしています。中間納付額は，前事業年度に確定申告した法人税額の2分の1を納税する予定申告か，6ヶ月間を一会計期間として中間決算を行い，法人税額を納税する中間申告のいずれかとなります。たとえば決算年1回・2月28日を決算日とする法人の納税スケジュールを示すと次のとおりとなります。

**法人税の中間申告と確定申告**

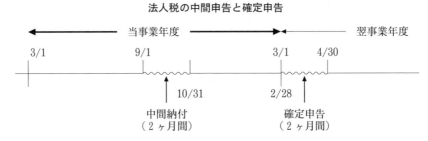

予定申告は業績が上昇傾向にある法人には有利な方法です。また納付する中間申告法人税の額が10万円以下であれば中間申告は行いません。つまり前年度の法人税額が20万円以下なら中間申告不要となります。

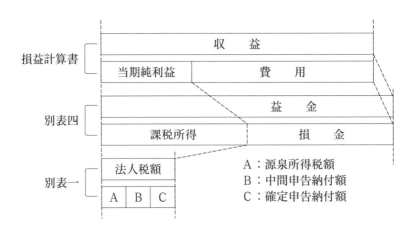

決算の確定後，費用と収益の額をそれぞれ修正して損金と益金とし，損金と益金の差額を法人所得とします。損益計算書で費用と収益の差額から当期純利益を算定したように，損金と益金の差額から法人所得を算定します。法人所得の算定は「**別表四**」と呼ばれる税務書類で行われ，法人所得に税率をかけて法人税額を算出します。

## 第2節　損金益金

法人は確定した決算（会社法による計算）に基づいて申告書を提出しなければなりません（法法74）。そしてその確定した決算で費用又は損失を経理することを**損金経理**と言います（法法2 ㉕）。法人の最終意思決定機関は株主総会であるために，損金経理された費用や損失が株主に承認され，承認された当期純利益をもとに課税所得計算が行われることになります（確定決算主義）。したがって原則として，株主の承認を得ていない費用等を申告調整段階で損金として計上することは認められません。

法人の費用又は損失のうち，損金算入することが可能となる金額について損金経理を要件としているのは，法人経営者の恣意性排除を目的としているからです。つまり，評価損・繰延資産を含む償却資産の償却費・引当金繰入額などは，決算時に計上される現金支出を伴わない内部取引です。したがって，これらの計上額はややもすると恣意的に決定される傾向があります。そのため法人税法ではこれらの計上について限度額を設けているのです。

### 1．損金の額

法人税の計算で，もしも過大な減価償却費や役員報酬などが計上された場合，国に納められるはずの法人税額が減少してしまいます。そのような弊害を回避するために損金算入限度額を超過した寄付金・交際費などは，申告調整の際，損金不算入となります。また費用計上した法人税や住民税，交通反則金も損金不算入となります。逆に損益計算書に計上していない費用について，例外的に申告調整の段階で損金として認められるものもあり，これを損金算入と言います。このように費用の額が申告調整によって修正されるために，損金の総額は費用の総額に一致しません。

**損金の額**は①その事業年度の収益にかかる売上原価，完成工事原価等の原価，②その事業年度の販売費及び一般管理費など，③その事業年度の損失で資本等取引以外によるものによって構成されます（法法22③）。なお資本等取引とは，法人の資本等の金額の増加又は減少を生ずる取引と法人が行う利益又は剰余金の分配を言います（法法22⑤）。

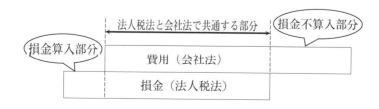

## 2．益金の額

　損金の総額が費用の総額と一致しないのと同様に，益金の総額も収益の総額に一致しません。た
とえば確定決算上は受取配当の金額は営業外収益となり，損益計算書に記載されます。しかし法人
税法では二重課税排除のため，受取配当の額を益金不算入とします。また無償や低額で資産を譲渡
した場合に税法では資産を譲渡した側に寄付金（損金）と同時に譲渡益（益金）が生じるとみなし，
後者を益金算入とします。このように収益の額が申告調整によって修正されるために，益金の総額
は収益の総額に一致しません。

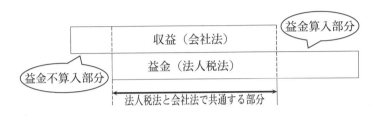

　**益金の額**は，①資産の販売，②有償又は無償による資産の譲渡又は役務提供，③無償による資産
の譲受け，④そのほかの取引で資本等取引以外によるものによって構成されます（法法22②）。

## 3．当期純利益と法人所得の関係

　損金の総額が費用の総額に一致せず，
益金の総額が収益の総額に一致しない
ため，損金と益金の差額である法人所
得は，費用と収益の差額である当期純
利益に一致しません。したがって右の
図のように，損益計算書を作成して利
益も損失もない状態でも，申告調整す
ると法人税を払うこともあり得るのです。

　当期純利益がどのように法人所得へと変わるのか，その両者の関係について，過大な減価償却費
を計上した場合の申告調整を例に挙げて考えます。実際の申告調整は別表四で損金不算入の手続き
をしますが，下の図では，あたかも損益計算書において修正がなされたように図示します。

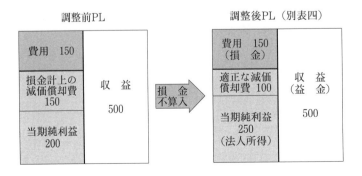

上の図から損益計算書に計上された減価償却費が税法上適正部分と過大部分併せて￥150あり，そのうち適正部分（＝損金算入限度額）を￥100とすれば，認められない減価償却費（＝損金不算入額）は￥50です。この￥50の費用計上を認めずに￥100だけを損金とする申告調整（損金不算入）を行います。そして損金不算入の申告調整後，当期純利益は￥200から￥250に増えました。申告調整では法人税法上認められない￥50の減価償却費が，もともと計上されないと考えます。なお，この場合の調整後PLにおける当期純利益￥250は法人所得と置き換えて考えてください。

　申告調整には損金不算入・益金不算入・損金算入・益金算入の４種類がありますが，この４種類の申告調整を，法人所得を増加させるのか減少させるのかという観点で２種類に分けてみましょう。まず１つめは法人所得を増加させるグループです。損金不算入は費用科目を減少させることで法人所得が増加しますが，それと同じ効果をもたらすのが益金算入です。益金算入は収益科目を増加させるので，結果的に法人所得が増加します。このようにみてくると，損金不算入と益金算入は法人所得を増額修正させるので，加算項目という名の同じグループになります。またこれとは逆に損金算入と益金不算入は法人所得を減少させる申告調整となり，これらを減算項目といい，同じグループとします。加算項目と減算項目が法人所得の算定にどのような数値の変化をもたらすのか，下の図にまとめてみました。

$$ \boxed{当期純利益} + \begin{array}{c} 損金不算入 \\ 益金算入 \end{array} - \begin{array}{c} 損金算入 \\ 益金不算入 \end{array} = \boxed{法人所得} $$

加算項目　　　　　減算項目

### 設例14－1

　次の資料により，株式会社全経の第○期事業年度（自令和３年４月１日　至令和４年３月31日）の確定申告により課税所得を計算しなさい。なお，提示された資料以外は，一切考慮しないものとする。

&lt;資　料&gt;
| | | |
|---|---|---|
| １．当期利益の額 | | 38,265,400円 |
| ２．益金算入額 | | 2,413,500円 |
| ３．益金不算入額 | | 574,100円 |
| ４．損金算入額 | | 1,152,700円 |
| ５．損金不算入額 | | 17,854,000円 |

課税所得の金額

38,265,400円＋（17,854,000円 ＋ 2,413,500円）－（574,100円 ＋ 1,152,700円）＝ 56,806,100円

∴　56,806,000円（1,000円未満の端数切り捨て）

## 第3節　別表四における計算

### 1．加算項目

① 損金の額に算入した中間納付の法人税額（損金不算入項目）

法人課税の制度上，法人税は損金ではないために，法人税の中間申告に係る納税額を損金経理した場合，損金不算入の調整を必要とします。そもそも別表四で法人税額を算定するのに，既に法人税額が損金経理されていることに問題があるのですが，中間納付の制度があるため損金経理はやむを得ません。なお，実際に損金不算入となる金額は次の仕訳のうち，仮払法人税○○円です。

　　　　（借）法 人 税 等　　○×△　　　　（貸）仮 払 法 人 税　　　○○
　　　　　　　　　　　　　　　　　　　　　　　　　　未 払 法 人 税　　　××

② 損金の額に算入した中間納付の県民税及び市民税の額（損金不算入項目）

中間納付された県民税及び市民税（住民税）の額は，正確には法人住民税法人税割といわれます。この税金は，地方団体内に事務所又は事業所を有する法人に対して，法人税額を課税標準として課されるので，実質的に法人税の**附加税**といえます。

③ 損金の額に算入した納税充当金（損金不算入項目）

企業会計上の未払法人税等はB/Sの負債の部に計上されていますが，この金額は，法人税法で**納税充当金**と呼ばれます。実際に損金不算入となる金額は次の仕訳のうち，未払法人税等××円です。

　　　　（借）法 人 税 等　　○×△　　　　（貸）仮 払 法 人 税　　　○○
　　　　　　　　　　　　　　　　　　　　　　　　　　未払法人税等　　　××

損金の額に算入した納税充当金の金額のなかには，債務確定基準に反して発生主義で損金経理した事業税額も含まれています。これについては２．減算項目①を参照してください。

④ 交際費等の損金不算入額（損金不算入項目）

交際費は冗費ともいわれ，取引相手の歓心を買うことを目的とする場合が多いですが，このような支出のすべてが法人の事業に無関係かといえば，そうでもありません。そこで期末資本金１億円以下の法人には定額控除限度額が認められており，一部の交際費が損金算入されます。このことから「交際費等の損金不算入額」は，損金算入限度額を超過する交際費の金額になります。

⑤ 減価償却超過額（損金不算入項目）

減価償却超過額が生じる理由については，前節で説明したとおりです。

⑥ 貸倒引当金繰入超過額（損金不算入項目）

資本金１億円以下の法人では，税法上の貸倒引当金繰入限度額を超過する貸倒引当金繰入額を損金経理にて計上していた場合，その超過額は損金不算入となります。

⑦ 寄附金の損金不算入額

一般寄附金は，資本基準額（1,000分の2.5）と所得基準額（100分の2.5）の合計額の四分の一を越える金額が損金不算入となります。

## ２．減算項目

　①　納税充当金から支出した前期分事業税額（損金算入項目）

　法人所得の計算上，ある会計年度において費用処理される事業税額が，その同一の事業年度において損金算入される事業税額にはなりません。企業会計では前年度分の事業税額は**発生主義**により前期の費用とし，当期分の事業税額は発生主義により当期の費用としました。しかし法人税法では前年度分の事業税額が**債務確定基準**により当事業年度の損金を構成し，当期分の事業税額は債務が確定していないので，当事業年度の損金とならず，翌事業年度の損金となります。このように事業税額の期間帰属の考え方が企業会計と法人税法では異なるため，前期に損金経理した事業税額を当事業年度の損金にする申告調整を必要とするのです。

　②　受取配当等の益金不算入額（益金不算入項目）

　企業会計上は営業外収益となる受取配当額ですが，**二重課税**の回避のため，法人税法ではこの金額を益金としません。わが国においては法人税は法人の所有者である株主が納税すると考え（法人擬制説），その納税は株主の所得税の前払いと考えます。この法人税の支払いのとき，株主にとっては一回目の課税がされます。そして，その後，法人が株主に対して配当を支払った場合，受け取った株主に所得が認められ，これに対して課税されることから，二回目の課税となります。これを**二重課税**と言います。このため受取配当金の一部を益金不算入とすることで二重課税が排除されるように法人税法では措置しているのです。なお，完全子法人株式等に係る配当金収入は全額（100％）益金不算入となりますが，関連法人株式等に係る配当金収入は，控除負債利子の額を差し引いた上で全額（100％）益金不算入となります。

## ３．法人税額から控除される所得税額

　株式や投資信託，預金などによる配当や利子の受取の際，源泉徴収された所得税の額について企業会計上の処理では源泉所得税を租税公課として費用計上しますが，所得税は損金不算入で加算されます。ただし，加算欄に記載されるわけではありません。

### 設例14－2

　次の資料により，全経産業株式会社の第〇期事業年度（自令和3年4月1日　至令和4年3月31日）の確定申告により所得金額を解答欄にしたがって計算しなさい。

＜資　料＞

1．期末現在資本金額　　　　　　　　　65,000,000円
2．当期利益の額　　　　　　　　　　　42,580,000円
3．所得金額の計算上税務調整すべき事項
　（1）損金の額に算入した中間納付の法人税額　　　　　　　10,036,000円
　（2）損金の額に算入した中間納付の県民税及び市民税の額　　2,893,600円
　（3）損金の額に算入した納税充当金　　　　　　　　　　　12,000,000円
　（4）交際費等の損金不算入額　　　　　　　　　　　　　　　 987,000円

(5) 減価償却超過額　　　　　　　　　　　　　590,000円

(6) 納税充当金から支出した前期分事業税額　　2,133,000円

(7) 貸倒引当金に関する事項

| 損金の額に算入した貸倒引当金繰入額 | 税法上の貸倒引当金繰入限度額 |
|---|---|
| 1,250,000円 | 920,000円 |

(8) 受取配当等の益金不算入額　　　　　　　　120,000円

(9) 法人税額から控除される所得税額　　　　　58,250円

なお，提示された資料以外は一切考慮しないものとする。

所得金額の計算

| 摘　　　　　要 | | 金　　　額 |
|---|---|---|
| 当期利益 | | 42,580,000円 |
| 加算 | 損金の額に算入した中間納付の法人税額 | 10,036,000 |
| | 損金の額に算入した中間納付の県民税及び市民税の額 | 2,893,600 |
| | 損金の額に算入した納税充当金 | 12,000,000 |
| | 交際費等の損金不算入額 | 987,000 |
| | 減価償却超過額 | 590,000 |
| | 貸倒引当金繰入限度超過額 | 330,000 |
| | 小　　　　　計 | 26,836,600 |
| 減算 | 納税充当金から支出した前期分事業税額 | 2,133,000 |
| | 受取配当金の益金不算入額 | 120,000 |
| | 小　　　　　計 | 2,253,000 |
| 仮　　　　　　　　　計 | | 67,163,600 |
| 法人税額から控除される所得税額 | | 58,250 |
| 合　計　・　総　計　・　差　引　計 | | 67,221,850 |
| 所　　得　　金　　額 | | 67,221,850 |

# 第4節　別表一における計算

## 1．法人税額

　法人所得に対して原則では23.2％の税率が適用されますが（法法66①），資本金一億円以下の小資本の法人には法人所得800万円までの所得に対して19％が適用されます（法法66②）。なお，平成24年4月1日から令和3年3月31日までに終了する各事業年度の所得金額800万円までの部分に対して15％の税率が適用されます（措置法42条の3の2）。

## 2．控除税額，中間申告分の法人税額と納付すべき法人税額

　「中間申告分の法人税額」は，加算項目の①損金の額に算入した中間納付の法人税額と同じ額です。確定申告において「納付すべき法人税額」とは，法人税額計から既に納税している控除税額（＝源泉所得税額）と中間申告分の法人税額（＝仮払法人税）を差し引いた額になります。

設例14－3

前問（設例14－2）に基づいて，全経産業株式会社の第○期事業年度の確定申告により，納付すべき法人税額を解答欄にしたがって計算しなさい。

納付すべき税額の計算

| 摘　　要 | 金　　額 | 計　算　過　程 |
|---|---|---|
| 所　得　金　額 | 67,221,000円 | 1,000円未満の端数切り捨て |
| 法　　人　　税 | 14,939,272 | (1) 年800万円以下の所得金額に対する税額<br>　　8,000,000円 × 15％ ＝ 1,200,000円<br>(2) 年800万円を超える所得金額に対する税額<br>　　（67,221,000円 － 8,000,000円）<br>　　× 23.2％ ＝ 13,739,272円 |
| 差 引 法 人 税 額 | 14,939,272 | (3) 税額計 (1) ＋ (2) ＝ 14,939,272円 |
| 法 人 税 額 計 | 14,939,272 |  |
| 控　除　税　額 | 58,250 |  |
| 差引所得に対する法人税額 | 14,881,000 | 100円未満の端数切り捨て |
| 中間申告分の法人税額 | 10,036,000 |  |
| 納付すべき法人税額 | 4,845,000 |  |

（法人税法能力検定試験　3級　改題）

# 第5節　消費税の処理

消費税の処理については，税込経理と税抜経理があります。ここでは第7章第5節で学習した仮払金・仮受金処理の応用として，消費税の税抜処理を学習し，併せて消費税が課税される構造についてもみてゆくことにしましょう。

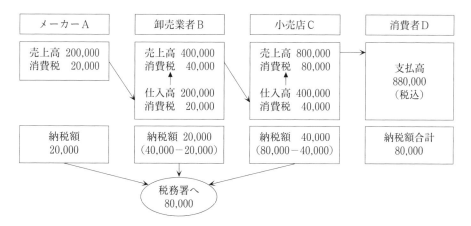

まず，消費税が課される構造についてですが，次の例で説明します（単位：円）。カメラの製造メーカーAから最終消費者Dまでの流通過程で，10％の消費税がどのように転嫁されるのかを考えます。説明を簡単にするためにAは20万円のカメラを製造しますが，その過程で経費は発生しなかったとします。これを卸売業者Bへ10％の消費税を課して220,000円で販売したとします。Bは，A

から仕入れたカメラを小売店Cに10%の消費税を課して440,000円で販売します。そして最後に最終消費者Dが小売店Cから10%の消費税を払って880,000円で購入するという流れです。

　この設例からA・B・Cはそれぞれ20,000円・20,000円・40,000円の消費税を税務署に払うことがわかります。しかしながら消費者Dも80,000円の消費税を納めています。但しDは税務署に80,000円の消費税を納めているのではなく、Cに預かってもらっている点に注意してください。このことから消費税80,000円を納めるのはDですが、そのDが納める80,000円について、予め製造段階・流通段階で、A・B・Cのそれぞれが細分化して納税していることに気がつくでしょうか。このことから消費税の支払いは、流通の前段階で発生した前の納税者が支払う消費税を自分が仮に払っておく記録と、そして次の納税者から預かった消費税を仮に受け取っておく記録が必要になります。そこで仮払消費税・仮受消費税勘定が使われますが、次に実際に消費税の会計処理について、小売店Cの立場で取引例を考えてみましょう。

### 設例14－4

　次の一連の取引について仕訳をしなさい。なお、消費税及び地方消費税の経理処理については税込経理方式及び税抜経理方式の2つ処理を示しなさい。

① 商品440,000円（うち、消費税額及び地方消費税額40,000円）を仕入れ、代金は掛けとした。

| | | | | | | |
|---|---|---|---|---|---|---|
| 税込 | （借）仕 | 入 | 440,000 | （貸）買 掛 金 | 440,000 |
| 税抜 | （借）仕 | 入 | 400,000 | （貸）買 掛 金 | 440,000 |
| | 仮払消費税等 | | 40,000 | | |

② 商品880,000円（うち、消費税額及び地方消費税額80,000円）を売り渡し、代金は掛けとした。

| | | | | | | |
|---|---|---|---|---|---|---|
| 税込 | （借）売 掛 金 | 880,000 | （貸）売 | 上 | 880,000 |
| 税抜 | （借）売 掛 金 | 880,000 | （貸）売 | 上 | 800,000 |
| | | | 仮受消費税等 | | 80,000 |

③ 帳簿価額384,600円の備品を495,000円（うち、消費税額及び地方消費税額45,000円）で売却し、代金は現金で収受した。

| | | | | | |
|---|---|---|---|---|---|
| 税込 | （借）現 金 預 金 | 495,000 | （貸）備 | 品 | 384,600 |
| | | | 固定資産売却益 | | 110,400 |
| 税抜 | （借）現 金 預 金 | 495,000 | （貸）備 | 品 | 384,600 |
| | | | 固定資産売却益 | | 65,400 |
| | | | 仮受消費税等 | | 45,000 |

④ 決算に当たり、還付を受けるべき消費税額及び地方消費税額239,600円を雑収入として計上した。

| | | | | | |
|---|---|---|---|---|---|
| 税込 | （借）未収消費税等 | 239,600 | （貸）雑 収 入 | 239,600 |
| 税抜 | （借）未収消費税等 | 239,600 | （貸）雑 収 入 | 239,600 |

⑤ 上記④の消費税額及び地方消費税額239,600円が普通預金に入金された。

| | | | | | | |
|---|---|---|---|---|---|---|
| 税込 | （借）現 金 預 金 | 239,600 | （貸）未収消費税等 | 239,600 | | |
| 税抜 | （借）現 金 預 金 | 239,600 | （貸）未収消費税等 | 239,600 | | |

**練習問題**

次の資料に基づき，乙株式会社の当期（自令和2年4月1日　至令和3年3月31日）における確定申告により納付すべき法人税額を解答欄に従って計算しなさい。（60点）

〔資　料〕

1．期末現在資本金額　　　　　　　　　　　　　　　　　　30,000,000円

2．当期利益の額　　　　　　　　　　　　　　　　　　　　54,231,000円

3．所得金額の計算上税務調査すべき事項

（1）損金の額に算入した中間納付の法人税額　　　　　　10,253,000円

（2）損金の額に算入した中間納付の住民税額　　　　　　 2,895,000円

（3）損金の額に算入した納税充当金　　　　　　　　　　15,700,000円

（4）損金の額に算入した印紙税の過怠税　　　　　　　　　　24,000円

（5）交際費等の損金不算入額　　　　　　　　　　　　　　 325,000円

（6）減価償却に関する事項

　① 当期において損金経理により償却費を計上した減価償却資産

| 資　産 | 取得日・事業供用日 | 取得価額 | 当期償却費 | 期末帳簿価額 | 法定耐用年数 |
|---|---|---|---|---|---|
| 建　物 | 令和元年8月5日 | 27,000,000円 | 1,100,000円 | 22,416,000円 | 22年 |

　② 前期以前において繰越超過額が172,000円生じている。建物の減価償却方法については定額法を採用しており，耐用年数22年（償却率0.046）で償却する。

（7）納税充当金から支出した前期分事業税額　　　　　　 2,389,000円

（8）役員給与の損金不算入額　　　　　　　　　　　　　　 500,000円

（9）土地評価損の損金不算入額　　　　　　　　　　　　 1,000,000円

（10）有価証券評価益の益金不算入額　　　　　　　　　　 1,000,000円

（11）受取配当等の益金不算入額　　　　　　　　　　　　　 288,000円

（12）貸倒引当金に関する事項

　① 損金経理により貸倒引当金勘定に繰り入れた金額は352,000円である。

　② 法人税法上の貸倒引当金繰入限度額は314,000円である。

（13）法人税額から控除される所得金額　　　　　　　　　　 183,600円

なお，提示された資料以外は一切考慮しないものとする。

**解答欄**

Ⅰ．所得金額の計算

| 摘　　　　　要 | | 金　　額 |
|---|---|---|
| 当　　期　　利　　益 | | 円 |
| 加 | | |
| | | |
| | | |
| | | |
| | | |
| | | |
| | | |
| | | |
| 算 | | |
| | 小　　　　　計 | |
| 減 | | |
| | | |
| | | |
| 算 | | |
| | 小　　　　　計 | |
| 仮　　　　　計 | | |
| 寄　附　金　の　損　金　不　算　入　額 | | |
| 法　人　税　か　ら　控　除　さ　れ　る　所　得　税　額 | | |
| 合　計　・　総　計　・　差　引　計 | | |
| 所　　　得　　　金　　　額 | | |

## Ⅱ．計算過程

| 項　　　目 | 計　　　　　算　　　　　過　　　　　程 |
|---|---|
| 貸倒引当金 | (1)　会社計上繰入額 ［　　　　　］円<br>(2)　繰入限度額 ［　　　　　］円<br>(3)　繰入限度超過額　(1) － (2) ＝ ［　　　　　］円 |
| 減 価 償 却 | (1)　会社計上償却費 ［　　　　　］円<br>(2)　償却限度額<br>　［　　　　　］円 × 0.［　　］ ＝ ［　　　　　］円<br>(3)　認 容 額<br>　{(2) － (1) ＝ ［　　　　　］円} < ［　　　　　］円　∴［　　　　　］円 |

## Ⅲ．納付すべき法人税額

| 摘　　　　　要 | 金　　　額 | 計　　　算　　　過　　　程 |
|---|---|---|
| 所 得 金 額 | ［　　　　　］円 | ［　　　　　］円　未満の端数切り捨て |
| 法 人 税 額 | | (1)　年800万円以下の所得金額に対する税額<br>　［　　　　　］円 × ［　　　　　］／12 × ［　　］% ＝ ［　　　　　］円<br>(2)　年800万円を超える所得金額に対する税額<br>　(［　　　　　］円 － ［　　　　　］円 × ［　　　　　］／12)<br>　× ［　　］% ＝ ［　　　　　］円<br>(3)　税額計　(1) ＋ (2) ＝ ［　　　　　］円 |
| 差 引 法 人 税 額 | | |
| 法 人 税 額 計 | | |
| 控 除 税 額 | | |
| 差引所得に対する税額 | | ［　　　　　］円　未満の端数切り捨て |
| 中間申告分の法人税額 | | |
| 納付すべき法人税額 | | |

# 第15章　所得税の計算

本テキストではこれまで簿記初級程度の学習をしてきましたが，その学習の範囲は会計処理が比較的簡単な個人企業の計算を中心としてきました。また簿記中級程度では株式会社会計が学習の範囲となり，その分，個人企業の会計処理に比べて複雑になります。このように簿記初級程度の学習が前提とする個人企業と中級程度が前提とする法人企業の間に会計処理の差が認められるように，税金計算にも違いが現れてきます。具体的にいうと個人企業は所得税法によって納税額を計算しますが，法人企業は法人税法によって納税額を計算するということになります。そこで本章では，個人企業における納税額計算の一巡の流れについて学習することにします。まず第1節では所得税の概要と10種類の所得や14種類の所得控除について触れますが，それらの詳しい内容については改めて第2節・第3節で学習しましょう。

## 第1節　所得税の概要

### 1. 納税義務者

わが国所得税法における納税義務者は，**居住者**と**非居住者**になります。居住者とは日本国内に住所または居所を有する者を言いますが，これに対して非居住者は日本国内に住所を有しない，または現在までに引き続き1年以上居所を有しない者を言います。さらに居住者は**一般の居住者**と**非永住者**に分類されます。前者は国内に住所を有するか，または現在まで引き続いて1年以上居所を有する個人のうち永住する者を言います。後者は国内に永住する意思がないこと，かつ居所や住所を有したとしても現在まで引き続いて5年以下となる個人を指します。一般の居住者の課税所得の範囲は，国内外で生じた全ての所得となり，納税方法は申告納税または源泉徴収によります。したがって個人企業の経営者が継続して事業を行う場合，一般の居住者に該当し，所得税を納める義務が生じるのです。

### 2. 青色申告とその特典

法人成りしていない個人企業は，所得税法に基づいて納税額を計算します。その際，納税者が所定の帳簿書類を備え付け，全ての取引を**正規の簿記の原則**に従って記録し，これに基づいて貸借対照表および損益計算書を作成し，申告書に添付すれば，**青色申告者**として数々の課税上の特典を享受することができます。納税者に帳簿を備え付けさせ，財務諸表を作成させることで課税側に生じる利点とは，納税者による不正処理を防止させることにあります。完璧に租税回避を防止するためには納税者の数だけ税務署職員を増やせば良いのですが，徴税コストを考えると現実的ではありません。そのため次善の策として財務諸表を作成させる代わりに，青色申告による特典を「ご褒美」

として納税者に与えることで，不正の防止と徴税コストをバランスさせているのです。このような仕組みがあって，個人企業においても簿記を行おうとする動機付けがなされます。

　所得税法では不動産所得・事業所得・山林所得を生ずる青色申告者に対して，主に次に掲げる特典を認めています。なお，事業所得などの各所得については後で詳しく解説します。

① 一括評価貸金に対する貸倒引当金・返品調整引当金の設定

② 減価償却資産の耐用年数の短縮・特別償却

③ 純損失の繰越控除

④ 更正の制限

⑤ **青色専従者給与**の必要経費化

⑥ 65万円と10万円の**青色申告特別控除**

⑦ 棚卸資産の低価法による評価

⑧ 小規模事業所得と不動産所得における現金の収入・支出による課税所得の算定

⑨ 家事関連費の一部必要経費化

　居住者が青色申告の承認を受けようとすれば，原則としてその年の3月15日までに納税地の所轄税務署長に青色申告の承認申請書を提出しなければなりません。

## 3．所得の種類，収入と必要経費

　わが国の所得税法では所得が，利子所得・配当所得・不動産所得・事業所得・給与所得・退職所得・山林所得・譲渡所得・一時所得・雑所得の10種類に分類され，いかなる経済的利益も択一的に所得分類を行い，税額が計算されます。つぎの図表のとおり，利子所得を除いてそれぞれの所得には収入と必要経費があり，その差額が所得となります。

| 所得の種類 | | 収入金額 | 差し引かれるもの・必要経費 |
|---|---|---|---|
| 利子所得 | | 預貯金・公社債等の利子等 | ― |
| 配当所得 | | 株式又は出資の配当等 | 借入金利子 |
| 不動産所得 | | 地代・家賃等 | 必要経費 |
| 事業所得 | | 事業による収入 | 必要経費 |
| 給与所得 | | 俸給，給料等 | 給与所得控除・特定支出控除 |
| 退職所得 | | 退職金，一時恩給等 | 退職所得控除 |
| 山林所得 | | 5年経過後の山林伐採・譲渡収入 | 必要経費・特別控除 |
| 譲渡所得 | 土地建物 | 土地等の譲渡収入 | 譲渡物件の取得費等 |
| | 株式等 | 株式等の譲渡収入 | 株式等の取得費等 |
| | その他 | 上記資産以外の譲渡収入 | 譲渡物件の取得費等と特別控除 |
| 一時所得 | | 法人からの贈与・ギャンブル収入等の収入 | 収入を得るために支出した費用と特別控除 |
| 雑所得 | | 公的年金等の収入 | 必要経費と公的年金等控除額 |

　上記の所得のうち不動産所得・事業所得・山林所得・雑所得の計算では，売上や減価償却費，人件費などを計上します。そしてこれら4つの所得の収入金額は，それぞれにその年において収入す

べきことが確定した金額となります。また必要経費とは収入から控除される金額であり，家事関連費を含みません。必要経費は減価償却費や引当金などを除いて，その年において債務の確定した金額に限られます（**債務確定主義**）。なお，資本等取引に関する収入と支出は，所得計算上の収入金額と必要経費に含まれません。

### 4．所得控除

　所得計算を行う際，たとえば事業主自身やその家族にかかった医療費や，事業主が生命保険に加入した場合の保険料，小規模企業共済等掛金控除のように事業主の退職金の積み立て額が，どの所得の必要経費になるのかという問題が生じます。納税者に一つの所得しか生じない場合はその所得を獲得するために医療費や保険料が発生したと考えれば良いので対応関係は簡単な話です。しかし，たとえば雑貨屋を営む店主（事業所得）が保有する上場株式から配当を得て（配当所得），またアパート経営をしているので家賃収入があり（不動産所得），時々は別会社で仕事をしてきてお給金をもらい（給与所得），骨董品収集を趣味としていて壺や掛け軸の他，ゴルフ会員権が高値で売れたり（譲渡所得），競馬をすれば万馬券が当たり（一時所得），趣味の天体観測に関する原稿を雑誌に投稿して印税をもらった（雑所得）場合，これらの経済活動を支えた医療費や保険料，退職金の掛金は，どの所得の必要経費になるのか問題が生じます。さらに子供の多寡によって納税者の生活費負担が変わってきます。このように納税者の個人的事情による**担税力**の相違を**総合課税**の計算において反映させる必要があります。

　わが国所得税法に規定する所得控除は，雑損控除・医療費控除・社会保険料控除・小規模企業共済等掛金控除・生命保険料控除・地震保険料控除・寄付金控除・障害者控除・寡婦（寡夫）控除・勤労学生控除・配偶者控除・配偶者特別控除・扶養控除・基礎控除が挙げられますが，これらは課税標準のうち総所得金額から控除します。したがって配当・不動産・事業・給与・譲渡（総合）・一時・雑の各所得をひとまとめにした総所得金額全体に対して，医療費や雑損などの所得控除を必要経費とみなすと考えます。なお本章では，個人企業の簡単な所得税額計算をする目的から，所得控除のうち一部のものについて後段で解説します。

### 5．損益通算と総合課税，分離課税

　各所得金額の算出方法は上記3．において解説しました。そこでは，配当・不動産・事業・給与・譲渡（総合）・一時・雑の各所得に損失が発生していないという前提でした。しかしながら利子所得と退職所得を除いた8つの所得には損失が発生する可能性があります。そこで不動産所得・事業所得・山林所得・譲渡所得（総合）において損失が発生した場合，**経常所得**（配当所得・不動産所得・事業所得・給与所得・雑所得の合計）からそれらの損失を控除することが可能です。このように一部の所得の損失を他の所得が吸収する仕組みを**損益通算**と言います。ただし，配当・給与・一時・雑所得に生じた損失は損益通算できません。このように損益通算を通じて算定された総所得金額から所得控除を差し引き，**課税総所得金額**とします。課税総所得金額が算定されれば下の税額速算表によって税額が算定されます。なお，平成25年度税制改正によって，課税所得4,000万円超に

| 課税総所得金額 | 税率 | 控除額 |
|---|---|---|
| 1,950,000円以下 | 5％ | ——— |
| 1,950,000円超　3,300,000円以下 | 10％ | 97,500 円 |
| 3,300,000円超　6,950,000円以下 | 20％ | 427,500 円 |
| 6,950,000円超　9,000,000円以下 | 23％ | 636,000 円 |
| 9,000,000円超　18,000,000円以下 | 33％ | 1,536,000 円 |
| 18,000,000円超　40,000,000円以下 | 40％ | 2,796,000 円 |
| 40,000,000円超 | 45％ | 4,796,000 円 |

ついて45％の税率が創設される予定です。

　他方，総合課税とならない所得の税額計算をみてみましょう。利子所得・配当所得の一部・退職所得・山林所得・譲渡所得（分離）・雑所得のうち一定の条件を満たした公的年金による所得は，上記の総合課税とは別に税額が算定されます。**分離課税**となる所得に対しては，定率課税が適用されるもの（利子所得・配当所得・株式の譲渡所得），所得金額の多寡によって上記税額速算表を用いるもの（退職所得・山林所得）や保有年数によって税率が決定するもの（不動産売却による譲渡所得）に区分されます。

　なお，所得税は原則として暦年課税の原則を取っていますが，他方で数年に渡る所得を平準化する要請のため例外的に諸規定が設けられており，この代表的な規定が損失の繰越控除です。損失の繰越控除には，純損失の繰越控除・雑損失の繰越控除・その他の繰越控除があります。

　純損失の金額とは，損益通算をしてもなお控除しきれない部分の金額を言い，過年度（その年の前年以前3年内の各年）に発生したこの純損失の金額を一定の順序で控除します。雑損失の金額とは，雑損失の金額のうち，雑損控除をしてもなお控除しきれない部分の金額を言い（後述の雑損控除参照），雑損失の繰越控除とは，過年度（その年の前年以前3年内の各年）に発生したこの雑損失の金額を，総所得金額から控除するものです。

## 6．税額控除と源泉徴収税額

　税額控除には**配当控除**・住宅借入金等特別税額控除・外国税額控除などがありますが，ここでは配当控除について説明しておきます。企業より受け取る配当は配当所得として課税されますが，その支払い側の企業では一度法人税が課税された後の留保利益を源泉として配当しています。したがって，これを配当所得として課税すると**二重課税**となるため，ここで一定額を税額控除として控除します。ただし，確定申告不要制度を選択した場合は配当控除の対象となりません。なお，控除額は，「課税総所得金額等」（課税総所得金額・課税短期譲渡所得金額・課税長期譲渡所得金額・株式等に係わる課税譲渡所得等の金額・先物取引に係わる課税雑所得等の金額の合計額）が1,000万円以下の場合で10％となり，1,000万円を超える場合で5％の控除率となります。

　また**源泉徴収制度**により，受け取る給与や報酬から所得税が強制的に天引きされ，いわば所得税が前払いされています。この徴収された所得税を源泉徴収税額と言いますが，この金額は納付すべき所得税から差し引きます。

### 7. 所得税の計算期間と予定納税

　所得の計算期間は 1 月 1 日から12月31日までの**暦年基準**に基づきます。また所得税の納税を円滑かつ確実に行うために，予定納税という前払制度があります。予定納税基準額および予定納税額の通知は税務署長から書面により 6 月15日までになされます。予定納税では前年の所得金額を基にその 3 分の 1 ずつを 7 月と11月に納税します。したがって確定申告で決定する納付税額は，申告納税額から予定納税額を差し引いた残額となります。

### 8. 個人所得課税の特殊性

　企業会計においては受取利息や受取配当は営業外収益となり，経常利益を構成します。つまり，企業会計では商品の売上も受取利息や配当も利益としてひとまとめにする考え方がありますが，個人企業の税金計算，つまり所得税法では受取利息は利子所得となり，受取配当は配当所得と分類され，別々に税額が計算されます。

　また物品販売業を営んでいて売上が発生すれば事業所得の収入額となります。そして事業の用に供した償却資産を売却した場合，企業会計や法人課税計算では固定資産売却益（損）として，当期純利益や法人所得に含めてしまいますが，個人企業の税額計算では譲渡所得（総合）として認識します。これと同じく，法人が保有する有価証券を売却した場合，有価証券売却益として営業外損益に計上し，法人課税では法人所得を構成しますが，個人企業では納税者の譲渡所得とします。

　この他，個人企業の性質上，非業務用資産を業務用に転用する場合が考えられますが，この場合の償却費の計算方法は所得税法においてのみ規定されており，法人税法規定には存在しません。

## 第 2 節　　所得の計算

　前節「3. 所得の種類，収入と必要経費」と「4. 所得控除」ではそれぞれの内容について概要を解説しました。そこで本節ではそれらについて少し詳しくみてゆきます。本章では個人企業の所得税計算について学習しますが，とりわけ不動産・事業・山林の各所得の計算では，本書第11章までに学んだ簿記や会計の知識が必要となります。また配当・給与・退職・譲渡・一時・雑の各所得は本節後段でまとめて解説することにします。

### 1. 不動産所得

#### （1）不動産所得の概要と計算式

　不動産所得とは不動産や不動産の上に存する権利の貸し付け，船舶（20t以上）または航空機の貸付による所得を言います。通常船舶や航空機は動産と考えられますが，これらの所有権が移転する場合に登記が必要となる点や，抵当権が設定され，強制執行時には不動産手続きが必要となることから，税法上はこれらを不動産として扱います。

不動産所得＝（総収入金額－必要経費）－青色申告特別控除［65万円］

## （2）不動産所得の収入金額

不動産所得の収入金額金額には次のものが含まれます。

①契約などによってその支払期日が定められている家賃や地代などの未収金額

②不動産貸付による権利金，更新料などのうち，返還を要しない額

③不動産貸付による敷金や保証金のうち，返還を要しない額

④広告宣伝用看板の設置料

例えば食事付きのアパートや下宿などの家賃収入は不動産所得ではなく，事業所得か雑所得に分類されます。食事付きのアパート賃貸業は，単なる不動産の賃貸を超えて食材を仕入れて食事を提供することが事業とみなされるため，不動産所得になりません。しかしながらこの場合，食事付きのアパートの賃貸業は，雑所得に分類される可能性も出てきます。つまり，食事付きのアパート賃貸業が事業であると認められるためには，看板を出していたのかとか，電話帳に下宿業として電話番号を記載しているのかなどの事業のあり方が判定の基準になると思われます。逆に独立家屋においてその一室を賃貸し，食事を提供しているなどの場合や，その他に生計をたてる所得がある場合は，片手間に下宿業を営んでいるとみなされ，雑所得になるでしょう。同様に駐車場出入口に管理人を配置するなどのように保管責任のある駐車場の貸付収入は，単に駐車場を貸すことに加えて，管理（役務提供）を行っていると考え，事業所得となります。

また借地権等（建物または構築物の所有を目的とする権利金）で当該土地の時価の2分の1を超えて設定される権利金を取得した場合には不動産所得となりません。なぜなら時価の半分を超えると貸し付けというより実質的に譲渡したと考えるからです。

この他，夏期のみ設置されるバンガローの貸付収入などは不動産所得に含まれません。さらに広告宣伝用看板の設置料は不動産収入となりますが，たとえば物品販売業用店舗内に設けられた広告板に広告用の張り紙（ビラ）を掲示させることで収入が生じた場合は事業収入となります。

## （3）不動産所得の収入金額から差し引かれるもの（必要経費）

不動産所得の収入金額から差し引かれるものには，①貸付業務に関する固定資産税，②修繕料，③減価償却費，④保険料，⑤確定債務の未払分，⑥仲介手数料，⑦借入金の利子などが含まれます。しかしながら借入金の利子であれば全てが必要経費になるとは限りません。不動産所得に損失が生じている状況下では，土地購入に係る借入利子分は，損益通算ができません。

また地代についてですが，たとえば妻名義の土地にアパートを建設し，それを賃貸した場合に，妻に支払う地代は必要経費になりません。事業所得の専従者給与でもふれますが，同一生計親族への給与など支払対価は原則必要経費になりません。

ところで不動産所得で青色事業専従者給与が必要経費として認められるには，アパート賃貸業が事業的規模で行われている必要があります。その目安として独立家屋では5棟以上，また貸間やアパートでは独立室数が10室以上ある場合に事業的規模とし，それに満たない場合を業務的規模としています。また不動産所得しか無い場合に青色申告特別控除が適用されるか否かの判定も，原則的には5棟10室以上で認められます。

## 2．事業所得

### （1）事業所得の概要と計算式

次の事業から生じる所得を事業所得と言います。

①農業　②林業及び狩猟業　③漁業及び水産養殖業　④鉱業（土砂採取業を含む）　⑤建設業　⑥製造業　⑦卸売業及び小売業（飲食店業及び料理店業を含む）　⑧金融業及び保険業　⑨不動産業　⑩運輸通信業　⑪医療保険業，著述業そのほかのサービス業　⑫上記のもののほか対価を得て継続的に行う事業

継続的に不動産を売買したり，土地を取得し宅地造成を行い，これを分譲する場合などは，事業所得に分類されます。これらの所得は，単に不動産の貸し付けを行い家賃収入を得るだけの不動産所得と区別されます。また継続的に不動産などを売買した場合でも，事業に至らない場合は雑所得となります。事業所得の計算式はつぎのとおりとなります。

$$事業所得＝（総収入金額－必要経費）－青色申告特別控除［65万円］$$

### （2）事業所得の収入金額

事業所得の収入金額金額には次のものが含まれます。

①売上高（原則**引渡基準**）

**自家消費**と**贈与**はそれぞれ取得原価と販売価額の70％のうち，いずれか多い方の金額を当期売上高に計上します。また低額譲渡についても譲渡価額と販売価額の70％の多い方を売上高とします。

②商品などの盗難などの損害について受ける保険金，損害賠償金など

③作業屑や空箱などの売却代金，仕入割引，リベート，事業主が従業員に寄宿舎を提供する場合の使用料，事業に関連して取引先や使用人に対して貸付けた貸付金の利子。なお仕入割戻を収入として認識する時期は，通知を受けた日となります。

④事業用の資産の購入に伴って景品として受け取る金品

⑤新聞販売店における折り込み広告収入や浴場などにおける広告掲示による収入

⑥事業用の固定資産税に係る全納報償金

⑦受贈益，各種引当金や準備金の戻入額

### （3）事業所得の収入金額から差し引かれるもの（必要経費）

事業所得の収入金額から差し引かれるものには次のものが含まれます。

①棚卸資産の評価損と商品の火災などによる損失など

青色申告者が所轄税務署長に届出を行い認められると棚卸資産の評価方法で低価法を用いることができますが，評価方法の届出がない場合は**最終仕入原価法**が法定評価方法となります。また商品が火災などによって失われた場合の火災損失は必要経費となります。これは商品が保険対象となる損害保険契約を締結していた場合に支払われる保険金が，事業所得の収入を構成することに対応しています。このほか商品購入契約を締結した後，自己都合でその商品購入契約の一部または全部を解除した場合の違約金も必要経費となります。

②減価償却費など

　10万円未満の**少額減価償却資産**（中小企業者への30万円未満の少額減価償却資産の規定も含む）や20万円未満の一括償却資産の扱い，中古資産の購入による耐用年数の算定については法人税法規定に準拠します。また法人税法における法定償却方法は一部のものを除いて固定資産は定率法ですが，所得税法における法定償却方法は一部のものを除き定額法となります。なお償却方法を変更する場合，新たな方法を採用する年の3月15日までに所轄税務署長へ変更承認申請を行う必要があります。また倉庫など固定資産が火災などによって損失を被った場合，資産損失を認識します。その金額測定は，被災資産の未償却額から当期の減価償却費と保険金受取額を差し引いて算出されます。

③繰延資産の償却

　税法上の繰延資産は①会社法に規定する繰延資産と②税法独自に規定する繰延資産によって構成されます。後者はたとえば，商店街振興会の決定によって設置されるアーケードや同会の会館改良費負担金などです。これらは法定耐用年数が定められていても，税法上は5年で償却します。ただし，支出額が20万円未満である場合，償却の規定にかかわらず，その支出事業年に全額が必要経費とすることができます。

④貸倒損失と貸倒引当金

　貸倒損失の金額は，当該損失の生じた日の属する年分の所得の計算上，必要経費となります。また貸倒引当金は，個別評価貸金等と一括評価貸金に分けて、その年分の必要経費になります。後者に関する必要経費の算入限度割合は，一括評価貸金に対して1,000分の55となっていますが，金融業では1,000分の33となります。

⑤青色事業専従者給与

　青色事業専従者とは，その年の12月31日の現況で15歳以上の親族（配偶者含む）のうち青色申告者と**生計を一**にする者で，専らその居住者の営む事業に従事する者を言います。青色事業専従者は控除対象配偶者や扶養親族にはなれません。また学校教育法1条ほかに規定する生徒，ほかに職業を有する者，老衰そのほかの心身の障害を有する者も青色専従者から除かれます。青色事業専従者給与の支給に際しては，原則同一生計親族への給与支払いを必要経費に認めないため，「青色専従者給与に関する届出書」を所轄税務署長へ提出することを必要としています。青色事業専従者給与の額については，その労務の性質や事業に従事した期間，ほかの従業員や同業他社の支給状況などから相当と認められる部分に限り必要経費に算入できます。

⑥水道光熱費や損害保険料などの一般管理費

　店舗併用住宅などのように，個人事業主の自宅と事業所が同一となる場合，水道代や電気代は自宅経費（**家事関連費**）部分と事業用経費部分に区別し，後者を必要経費とします。このような場合，事業所得を正確に計算するために自宅と店の面積比や使用頻度など合理的基準によって必要経費を按分します。また店舗を保険目的とする損害保険料のうち積立てを除いた部分については，必要経費となります。このほか必要経費に関する注意点としてはつぎのとおりです。①火災が生じた場合の後片づけ費用は必要経費に含まれます。②販売促進のために得意先を接

待したことによる支出も，費用の支出があることと，その支出が専ら事業のために必要である場合は必要経費となります。③借り入れを行って車両などの事業用資産を購入する場合，支払利息が発生しますが，この金額は当該固定資産の取得費に含めることはせず，事業所得算定上の必要経費となります。④租税公課や配達中の交通違反による罰科金は，法人税法規定同様，必要経費になりません。

## 3．山林所得

　山林所得は，山林の伐採または譲渡による所得を言い，立木のまま譲渡した場合も含まれます。また，山林をその取得の日以後5年以内に伐採したり，譲渡したことによる所得は山林所得に含まれず，事業所得または雑所得となります。山林所得の計算式はつぎのとおりとなります。

　　山林所得＝（総収入金額－必要経費）－**特別控除額**［50万円］－青色申告特別控除［10万円］

　山林所得の計算上，必要経費とは植林費，山林の購入費，管理費，伐採費やその他その山林の育成または譲渡に要した費用を言い，特別控除額は50万円です。山林所得は，苗木の植林から始まって販売できるようになるまでに長い期間を要し，かつその譲渡に際しては一時に所得が生じるので分離課税で，いわゆる「**五分五乗方式**」によって課税されます。この方式は，その所得金額を五分の一に分割し，その分割後の所得に税率をかけて税額を求め，5倍するため累進課税とはならず軽課となります。また山林を土地とともに譲渡した場合，山林部分については山林所得，土地部分については譲渡所得として分けることで軽課となり，優遇されています。

## 4．利子・配当・給与・退職・譲渡・一時・雑の各所得

### （1）利子所得

　利子所得とは，金銭貸借による利息のうち，①公社債の利子，②預貯金の利子，③合同運用信託による収益の分配，④公社債投資信託による収益の分配，⑤公募公社債等運用信託による収益の分配を言います。支払いを受ける利子等には15％の所得税の他，居住者には5％の住民税が源泉徴収され，課税関係が終了します。

### （2）配当所得

　配当所得とは，公益法人等および人格のない社団等を除く法人から分配される財産や利益のうち，①法人から受ける剰余金の配当，②利益の配当，③剰余金の分配，④基金利息，⑤公社債投資信託と公募公社債等運用投資信託以外の投資信託による収益の分配，⑥特定目的信託による収益の分配を言います。なお，配当所得の収入金額から，元本を取得するための負債の利子を控除することができますが，この金額は，株式等の配当所得を生み出すものを取得するためにかかる利子のうち，当該年中に実際に株式等を所有していた期間を加味して算定します。

### （3）給与所得

　給与所得には，雇用者が被雇用者から労働の対価として給付される給与・賞与のみならず，原則として被雇用者からの様々な給付（現物支給給与など）も含みます。給与所得の金額は，源泉徴収

前の収入金額から**給与所得控除**額を差し引いて算定します。なお，支給されるもののうち，職務に伴う旅費，勤務先までの通勤手当，学資金，子女教育費等のうち一定のものは非課税とされます。

（4）退職所得

退職所得は，退職手当，一時恩給，その他の退職，離職により一時に受ける給与およびこれらの性質を有する給与を言います。退職所得は退職後，長年の奉職に対して雇用主から支給される一時的な収入であり，それまでの勤務に対する報酬的性格を有します。そして退職所得は老後の生活資金となるため，**分離課税・多額の退職所得控除・半額課税**といった軽課措置を講じています。なお通常の退職の場合，退職所得控除は次の算式で求められます。

勤続年数が20年以下の場合：勤続年数×40万円（最低額は2年以下で80万円）
勤続年数が20年超の場合　：800万円＋70万円×（勤続年数−20年）

また勤続年数に1年未満の端数が生じるときには1年としますが，退職所得者が退職手当等の支払者のもとにおいて一時勤務しなかった期間があれば，その期間は原則として差し引かれます。

（5）譲渡所得

譲渡所得の本質は**キャピタルゲイン**であり，資産が保有者の手を離れるのを機会に，その保有期間中の増加益を精算して課税しようとするものですが，金銭債権などは譲渡所得の起因となる資産からは除かれます。その理由として金銭債権の譲渡により発生する譲渡損益は金利に相当すると考えられることから譲渡所得とはされずに事業所得または雑所得とされます。また無償の贈与であっても相手によっては贈与時の時価を譲渡の対価として受け取ったものとして所得税が課せられることがあります。

譲渡所得は原則として総合課税によりますが，長期のキャピタルゲインが一時に実現するため，超過累進税率によって高額な課税を招いてしまいます。そこで緩和措置として長期譲渡所得（総合長期）については，総合課税ではあるものの半額課税を行います。また総合短期，総合長期の順で譲渡益を限度として50万円を控除します。

総合課税・分離課税共に譲渡所得では，譲渡資産の所有期間が5年以下のものが「短期」，5年超のものが「長期」に区分されます。また所有期間の算定において所有期間の起算日は原則としてその取得日によりますが，譲渡日は，譲渡を行う年の1月1日を基準日とします。なお，土地建物等の譲渡については短期か長期かで税率が変わり，前者には30％の税率が，後者には15％の税率が適用されます。

有価証券の譲渡の場合，20.315％（所得税15.315％＋住民税5％）が課税され，源泉徴収か申告を行う分離課税ですが，有価証券でもゴルフ会員権等については総合短期又は総合長期で課税されます。なお，総合課税の譲渡所得・分離課税の譲渡所得・株式売却による譲渡所得のそれぞれにおいて，それらの所得計算内で譲渡損が発生した場合，その譲渡損失を譲渡益と通算する内部通算が可能です。

生活に通常必要な家具・衣服・時価30万円以下の貴金属や骨董等によって発生した譲渡益は非課税とされ，逆に譲渡損が出た場合はその譲渡損はないものとみなされます。この規定は，譲渡資産

が少額である場合に対応した税務執行上の要請であり，また国民感情を考慮したものでもあります。なお，生活に通常必要でない資産につき，災害・盗難・横領による損失が生じた場合に，直前の取得費相当額を基礎として計算した一定の金額を，**内部通算**後の譲渡所得の金額より控除することが可能です。

譲渡所得の必要経費は取得費と譲渡費用によって構成されます。取得経費は，その資産の取得に要した金額ならびに設備費および改良費の合計額を言いますが，他方で減価償却を加味します。また実際の取得費が不明などの場合に，譲渡による収入金額の5％を取得費とすることもできます。

また，有価証券の取得費については銘柄ごとに総平均法に準じて単価計算した金額を基本とします。譲渡費用は，譲渡に直接要した費用であり，例えば①譲渡の為に直接支出した仲介手数料，運搬費，登記もしくは登録費用等，②譲渡の為に借家人を立ち退かせる場合の立退料，③土地を譲渡するためにその土地の上にある建物等を取壊した場合における当該建物等の資産損失相当額および取壊しに要した費用が挙げられます。なお，譲渡資産の修繕費，固定資産税などは譲渡時の直接支出とは考えられず，譲渡費用とはなりません。

（6）一時所得

一時所得は①労働の対価性がないので給与所得や退職所得と区別されますし，②営利を目的とした継続的行為によらないので不動産所得や事業所得，山林所得と区別されます。また③資産譲渡の対価性がないので譲渡所得と区別されます。具体的には懸賞金や競馬の払戻金，生命保険契約による一時金などが該当し，50万円の**特別控除**と**半額課税**の措置があります。

（7）雑所得

雑所得には，利子・配当・不動産・事業・給与・退職・山林・譲渡・一時の9種類の所得分類にみられる統一的な基準や積極的な定義はなく，これら9つの所得に分類されない余事象が雑所得を構成します。雑所得の収入金額の具体的例として，次のものが挙げられます。①事業規模にない動産の貸付けによる所得，②特許権など工業所有権の使用料による収入，③講演料や原稿料，④事業規模にない金銭貸付けによる受取利息・還付加算金，⑤有価証券の先物取引による所得，⑥政治献金収入，⑦転職に伴い受け取るスカウト料で通常の転居費用を超過する金額，⑧保有期間が5年以下の山林の伐採や譲渡による所得，⑨国民年金・厚生年金・恩給といった公的年金支給額などです。なお，公的年金には①社会保険制度や共済組合制度に基づく年金，②恩給や過去の勤務に基づき支給される年金，③適格退職年金契約などに基づき支給される退職年金が含まれます。雑所得の収入金額から差し引かれる必要経費は，不動産・事業・山林所得の計算に準じます。また公的年金支給額に対しては公的年金控除額が差し引かれます。

# 第3節　主な所得控除

（1）医療費控除

　居住者が，自己または自己と生計を一にする配偶者やそのほかの親族にかかる医療費を支払った場合，その年中に支払った医療費の合計額の一定額を，所得金額から控除する制度が**医療費控除**です。医療費控除の算定方法はつぎのとおりです。

医療費控除＝（支払った医療費の合計−保険金等で補填される金額）−（合計
所得金額の５％と10万円のいずれか少ない金額）

（2）社会保険料控除

　国が運営する国民年金は，現在保険料を納めている者が年金受給者を支えており，加入が義務付けられています。国民年金は物価変動にかかわらず，将来にわたって貨幣の実質価値を保証すると言われています。この国民年金の支払額は個人所得税の計算において社会保険料と呼ばれ，控除の対象となります。居住者が，自己または自己と生計を一にする配偶者，そのほかの親族が負担すべき社会保険料を支払った場合，その支払った金額を所得金額から控除します。

（3）生命保険料控除

　一般的に生命保険とは，人の死亡や一定年齢までの生存を保険事故とした保険契約を指し，その後に保険事故が生じたとき，保険会社が予め契約した保険金を支払うしくみです。また個人年金保険（公的年金の不足を補う目的で個人で私的年金に加入する保険）や介護医療保険も**生命保険料控除**の対象となります。これらの保険料の控除額の算定式は表の通りとなります。

| 新制度適用の場合 | | 旧制度適用の場合 | |
|---|---|---|---|
| １年間の正味払込保険料 | 控除額計算式 | １年間の正味払込保険料 | 控除額計算式 |
| 20,000円以下 | 全額控除 | 25,000円以下 | 全額控除 |
| 20,001円から40,000円まで | （払込保険料×1/2）＋10,000円 | 25,001円から50,000円まで | （払込保険料×1/2）＋12,500円 |
| 40,001円から80,000円まで | （払込保険料×1/4）＋20,000円 | 50,001円から100,000円まで | （払込保険料×1/4）＋25,500円 |
| 80,000円以上 | 一律40,000円 | 100,001円以上 | 一律50,000円 |

（4）地震保険料控除

　平成19年分以降の所得計算において，**地震保険料控除**が導入されました。この控除は，生活用動産や居住用家屋を保険目的とする保険で，かつ地震等による損害に基因して保険金等が支払われる保険契約の保険料について，５万円を上限として所得金額から控除するものです。

（5）寄付金控除

　居住者がその年中において特定寄付金を支出した場合，次の算式によって算定された**寄付金控除**

額を所得金額から控除します。

$$\left.\begin{array}{l} ① \ \ 支出した寄附金 \\ ② \ \ 課税標準の合計額 \times \dfrac{40}{100} \end{array}\right\} \ のいずれか少ない額 - 2,000円$$

（6）障害者控除

　障害者とは，心神喪失の常況にある者または児童相談所などの判定による精神薄弱者，失明者その他の精神または身体に障害がある者，常に就床を要し，複雑な介護を受ける者などを言います。納税者やその**控除対象配偶者**または**扶養親族**が障害者である場合，その納税者の総所得金額等から**障害者控除**として27万円が控除されます。また特別障害者とは，障害者のうち精神または身体に重度の障害がある者を言い，40万円が控除されます。さらに納税者と同居の**特別障害者**には75万円の控除となります。

（7）配偶者控除と扶養控除

　**配偶者控除**については，控除対象配偶者に対して，48万円をその居住者の所得金額から控除します。控除対象配偶者とは，居住者の配偶者でその居住者と**生計を一**にするもののうち合計所得金額が48万円以下のものを指します。なお，①他の者の**扶養親族**とされる者，②**青色事業専従者**で青色申告者から給与を受ける者，③白色事業専従者に該当する者は**控除対象配偶者**に該当しません。またその年の12月31日現在で70歳以上の控除対象配偶者は**老人控除対象配偶者**となり，48万円の控除となります。

　**扶養控除**は，同一生計親族の個人的事情（同居しているか否か，障害の有無）や年齢によって控除額が異なります。控除額は16歳以上で38万円となりますが，19歳以上23歳未満（**特定扶養親族**）で63万円となり，70歳以上（**老人扶養親族**）で48万円の控除になります。なお，16歳未満は扶養控除の対象となりません。また老人扶養親族でも同居している場合の控除は58万円となります。

　同居老親等とは，老人扶養親族のうち，居住者またはその配偶者のいずれかとの同居を常況としており，かつそのいずれかの直系尊属であるものを言います。なお，「**生計を一**にする」と「**同居**」は別概念であり，生計を一にしていても同居しない事例もあります。また同一生計の扶養親族が**青色事業専従者**となる場合は扶養控除の対象外になります。ただし，青色事業専従者の届出をしていても，給料をもらっていない場合は扶養親族となります。

（8）基礎控除

　わが国憲法第25条では健康で文化的な最低限の生活を保障しています。そしてその最低限の生活を維持するための所得に対して課税しない制度が**基礎控除**であり，控除額は以下の通りです。

| 居住者の合計所得金額 | 基礎控除額 |
|---|---|
| 24,000,000円以下 | 480,000円 |
| 24,000,000円超　24,500,000円以下 | 320,000円 |
| 24,500,000円超　25,000,000円以下 | 160,000円 |
| 25,000,000円超 | 0円（適用なし） |

練習問題

　次の資料により，物品販売業を営む木尻徹（52歳）の令和3年分の課税総所得金額に対する税額を同人に最も有利になるように計算しなさい。

＜資料1＞

損 益 計 算 書

自令和3年1月1日　至令和3年12月31日　　（単位：円）

| 科　　　目 | 金　　額 | 科　　　目 | 金　　額 |
|---|---|---|---|
| 年初商品棚卸高 | 1,810,700 | 当年商品売上高 | 56,912,000 |
| 当年商品仕入高 | 42,369,000 | 年末商品棚卸高 | 1,904,300 |
| 営　業　費 | 9,853,500 | 雑　収　入 | 3,986,434 |
| 青色専従者給与 | 2,600,000 | | |
| 当　年　利　益 | 6,169,534 | | |
| | 62,802,734 | | 62,802,734 |

付 記 事 項

(1) 徹は，青色申告書の提出の承認を受けており，また，開業時よりすべての取引を正規の簿記の原則にしたがって記録し，これに基づいて貸借対照表及び損益計算書を作成している。

　　なお，棚卸資産の評価方法及び減価償却資産の償却方法についての届出は行っていない。

(2) 徹が家事のために消費した商品（仕入価額168,800円，通常の販売価額243,000円）については，当年商品売上高に何ら計上されていない。

(3) 損益計算書の年末商品棚卸高は，最終仕入原価法に基づく原価法により評価した金額である。

(4) 雑収入の内訳は次のとおりである。

　① アパートの貸付収入　　　　　　　　　　　　　　　　　　　2,707,300円

　　このアパートの家賃は，その月分はその月の末日に支払いを受けることになっている。令和3年12月分のうち54,000円は未収のため雑収入に含めていないが，令和4年1月分の46,000円は本年12月に受け取り，雑収入に含めている。

　② 上記①のアパート貸付時に受け取った敷金（預り金）　　　　　126,000円

　③ 仕入商品のリベートとして受け取った金額　　　　　　　　　　31,500円

　④ 徹が趣味で出版した書籍について受け取った印税　　　　　　　38,600円

　　この原稿料は事業に関連したものでなく，源泉所得控除前の金額である。

　⑤ 所有する株式について受け取った配当金　　　　　　　　　　183,034円

　　この配当金は上場株式等に係るものではなく，源泉所得税額46,966円（復興特別所得税を含む）控除後の金額である。

　⑥ 遺失物を拾得したことで受け取った報労金　　　　　　　　　900,000円

(5) 営業費の内訳は次のとおりである。

① 所得税納付額　　　　　　　　　　　　480,800円

② 住民税納付額　　　　　　　　　　　　614,200円

③ 物品販売業に係る事業税納付額　　　　134,900円

④ アパートに係る固定資産税　　　　　　261,400円　（付記事項(4)の①②参照）

⑤ アパートに係る経費　　　　　　　　1,022,300円　（付記事項(4)の①②参照）

⑥ 物品販売業に係る営業費　　　　　　7,339,900円

(6) 令和3年8月2日に車両を取得し，ただちに事業の用に供しているが，この車両についての減価償却費の計算は行っておらず，上記の(5)の⑥の物品販売業の営業費には含まれていない。なお，車両以外の物品販売業に係る減価償却資産の減価償却費は適正に計算され，上記(5)の⑤の経費又は(5)の⑥の営業費に含まれている。

　　車両の取得価額　　1,200,000円

　　耐用年数　　5年（耐用年数5年の償却率は，定額法0.200，200%定率法0.400）

(7) 青色専従者給与は物品販売業に従事している長女に対して支払っている。これは青色事業専従者に関する届出書に記載した金額の範囲内であり，労務の対価として相当額である。


<資料2>

(1) 徹は，実父が令和3年6月15日から14日間入院したことによる治療費を支払っている。この治療費につき総所得金額から控除される金額を適法に計算したところ68,249円であった。

(2) 徹が，令和3年中に支払った保険料は次のとおりである。

① 国民健康保険料，国民年金保険料及び介護保険料　　　　　　　　　798,600円

② 新契約に係る一般生命保険料　　　　　　　　　　　　　　　　　　 92,200円

③ 新契約に係る個人年金保険料　　　　　　　　　　　　　　　　　　 54,300円

④ 居住している家屋及び生活用動産に対する地震保険料　　　　　　　 68,700円

(3) 令和3年末日現在，徹と生計を一にし，かつ，同居している親族は次のとおりである。

　　　妻　　　50歳　　　無職（無収入）

　　長　男　　30歳　　　会社員（給与所得の金額が4,590,600円ある。）

　　長　女　　27歳　　　青色事業専従者

　　次　女　　21歳　　　大学生（無収入・障害者）

　　実　父　　84歳　　　無職（無収入）

<資料3>　所得税の速算表は本書151頁を参照してください。

**解答欄**

1. 各種所得の金額及び総所得金額の計算

| 区　　分 | 金　　額 | 計　算　過　程 |
|---|---|---|
| （　）所得 | ① 　　　円 | □ 円 ＋ □ 円 ＝ □ 円 |
| 不動産所得 | ② 　　　円 | （1）総収入金額<br>□ 円 ＋ □ 円 － □ 円 ＝ □ 円<br>（2）必要経費<br>□ 円 ＋ □ 円 ＝ □ 円<br>（3）不動産所得の金額<br>□ 円 － □ 円 － □ 円 ＝ □ 円 |
| 事 業 所 得 | ③ 　　　円 | （1）総収入金額　（注）家事消費高<br>□ 円 ＋ □ 円 ＋ □ 円 ＝ □ 円<br>（注）家事消費高の計算<br>□ 円 ＜（ □ 円 × 0.□ ＝ □ 円 ）<br>∴ □ 円<br>（2）必要経費<br>㋐　売上原価<br>□ 円 ＋ □ 円 － □ 円 ＝ □ 円<br>㋑　営業費　　　　　　　（注）減価償却費<br>□ 円 ＋ □ 円 ＋ □ 円 ＝ □ 円<br>（注）減価償却費の計算<br>□ 円 × 0.□ × □/□ ＝ □ 円<br>㋒　青色専従者給与 □ 円<br>（3）事業所得の金額<br>　　　必要経費（㋐＋㋑＋㋒）<br>□ 円 － □ 円 ＝ □ 円 |
| （　）所得 | ④ 　　　円 | □ 円 － □ 円 ＝ □ 円 |
| （　）所得 | ⑤ 　　　円 | |
| 総所得金額 | ⑥ 　　　円 | ① ＋ ② ＋ ③ ＋ ④ × □/□ ＋ ⑤ ＝ □ 円 |

## 2．所得控除額，課税総所得金額及び課税総所得金額に対する税額の計算

| 区　　分 | 金　　額 | 計　　算　　過　　程 |
|---|---|---|
| （　　）控除 | ⑦　　　　円 | |
| 社会保険料控除 | ⑧　　　　円 | |
| 生命保険料控除 | ⑨　　　　円 | ㋐　一般生命保険料の限度額<br>　　　支払額が 　　　　円 を超えるため 　　　　円<br><br>㋑　個人年金保険料の限度額<br>　　 　　　　円 $\times \frac{1}{4}$ + 20,000円 = 　　　　円<br><br>㋒　控除額<br>　　　㋐ + ㋑ = 　　　　円 |
| 地震保険料控除 | ⑩　　　　円 | 支払額が 　　　　円 を超えるため 　　　　円 |
| 障害者控除 | ⑪　　　　円 | |
| 配偶者控除 | ⑫　　　　円 | |
| 扶 養 控 除 | ⑬　　　　円 | 　　　　円 + 　　　　円 = 　　　　円 |
| 基 礎 控 除 | ⑭　　　　円 | |
| 所得控除合計 | ⑮　　　　円 | ⑦ + ⑧ + ⑨ + ⑩ + ⑪ + ⑫ + ⑬ + ⑭ = 　　　　円 |
| 課税総所得金額 | ⑯　　　　円 | ⑥ − ⑮ = 　　　　円 → 　　　　円 （1,000円未満切捨て） |
| 課税総所得金額に対する税額 | ⑰　　　　円 | ⑯ × 　　　% − 　　　　円 = 　　　　円 → 　　　　円<br>（100円未満切捨て） |

# 第16章　連結会計

## 第1節　連結財務諸表とは

### 1．連結財務諸表の重要性

　現代の企業は親会社とその支配下にある子会社という形で企業集団を形成し，その中で経済活動を営んでいる場合が多いです。これら企業集団を構成する個々の会社は，法律上はそれぞれ別個の実体であるが，実質的には支配従属関係を通じて1つの組織体として考えることができます。そのためこのような場合には，企業集団を構成する全部の会社を1つの会計単位として取り扱い，集団全体としての財務諸表を作成することが経済的な事実に合致しています。

　法律上の個々の会社を会計単位とする財務諸表を**個別財務諸表**というのに対し，企業集団を構成する個々の企業の個別財務諸表を総合して作成される財務諸表を**連結財務諸表**と言います。連結財務諸表は，個別財務諸表からは得られないような集団全体に関する情報を含んでおり，投資者の意思決定にとって不可欠な情報です。そこで金融商品取引法は，上場会社など，この法律の適用を受ける親会社に対して，連結財務諸表を作成し，有価証券報告書に含めて投資者に公開することを義務付けています。法人税法上は企業が連結納税制度を選択できます。連結納税は，課税所得や納税額の計算を，個別企業ごとではなく企業集団として実施する制度であるが，わが国の場合，連結納税の企業集団に含めることができるのは100％支配の子会社だけである点に注意が必要です。

### 2．企業集団を構成する会社

　親会社の支配や重要な影響を受けていると判断され，連結財務諸表へと統合されていく企業には，子会社および関連会社があります。**子会社**とは，親会社がその会社の株主総会や取締役会などの意思決定機関を支配しているような会社を言います。ある会社が子会社に該当するか否かを判断する基準は支配力基準が採用されています。**支配力基準**は，親会社が株式の過半数を所有している場合はもちろん，たとえ株式の所有が過半数に達していなくても，財務や経営の方針を実質的に支配していれば，その会社もまた子会社に該当すると見る基準です。たとえば①親会社との密接な関係により，親会社の議決権行使に同調してくれる協力的な株主が存在し，合算すれば議決権の過半数に到達する場合です。また②親会社から派遣した役員が取締役会の過半数を占めていたり，他の会社の財務や営業の方針を決定づけるような契約が存在すれば，事実として親会社の支配が及ぶことになります。子会社に対しては原則として連結の手続きが適用されます。

　他方，**関連会社**とは，親会社が単独で，他の会社の財務および営業の方針に対して重要な影響を与えることができる場合の，相手会社を言います。関連会社の資産・負債には親会社の支配が及ば

ないため，関連会社の財務諸表が親会社の財務諸表と合算されることはなく，持分法という会計処理が適用されます。これは関連会社の獲得した利益のうち，親会社の持株比率に見合う額だけを，企業集団の利益としてみなして連結財務諸表に含める方法です。

# 第2節　連結貸借対照表

**連結貸借対照表**は，企業集団全体としてみた場合の資金調達の源泉と，調達された資金が各種の資産に投下されている実態を対比して示すことにより，企業集団の財政状態を表す書面です。この連結貸借対照表は，親会社と連結子会社の個別貸借対照表を基礎として，同じ項目同士の金額を合算するとともに，集団内部での取引から生じている項目を相殺消去して作成します。

親会社と子会社を別々に考える場合は，資産・負債・資本の項目であっても，親会社と子会社を一括して考えた場合には，企業集団内部での財貨や資金の単なる振替によって生じた項目に過ぎず，資産・負債・資本とは認められないものがあります。そのような項目は，連結決算の過程で相殺消去します。

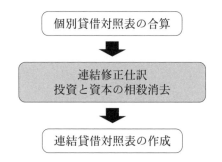

相殺消去が必要な項目には，次の2つがあります。第1は親会社と子会社の間の**債権と債務の相殺消去**です。たとえば親会社の子会社に対する売掛金（子会社の親会社に対する買掛金）は，企業集団が外部の第三者に対して売上代金の支払を要求できる権利を表したものではないため，企業集団にとっての資産には該当しません。第2は親会社から子会社への出資に関連するものです。親会社の貸借対照表には子会社への出資額が子会社株式として固定資産の区分に記載されています。

他方，子会社では親会社からの出資額を，親会社以外の株主からの出資額と合算のうえ，株主資本として記載しています。この親会社からの出資額は，企業集団内部での資金の振替によって生じたものであるため，親会社の貸借対照表に記載された子会社株式と相殺消去しなければなりません。この作業を，**投資と資本の相殺消去**と言います。投資が資本を上回る場合，その差額は**のれん**とします。これは超過収益力を持つ子会社の支配に要した金額を示します。逆に投資が資本を下回る場合は，特別利益として処理します。また子会社の親会社以外の株主からの出資は**非支配株主持分**と呼ばれます。連結財務諸表は親会社の立場から作成されますが，非支配株主持分は親会社以外から提供された資金額を示すため，自己資本には該当しません。しかし返済を要しないため負債でもありません。このため非支配株主持分は純資産の部で株主資本とは区分して表示します。

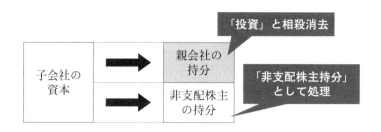

設例16－1

　親会社であるP社は，×1年12月31日に，子会社であるS社の株式100％を120,000円で取得した（両社とも12月31日を決算日とし，会計期間は1年である）。

　×1年12月31日のP社，S社の貸借対照表は次のとおりである。支配獲得日における連結修正仕訳を示しなさい。

|  | P社貸借対照表 |  |  |  |  | S社貸借対照表 |  |
|---|---|---|---|---|---|---|---|
| S社株式 120,000 | 資　本　金 | 260,000 |  |  |  | 資　本　金 | 70,000 |
|  | 利益剰余金 | 40,000 |  |  |  | 利益剰余金 | 30,000 |

| （借） | 資　本　金 | 70,000 | （貸） | S社株式 | 120,000 |
|---|---|---|---|---|---|
|  | 利益剰余金 | 30,000 |  |  |  |
|  | の　れ　ん | 20,000 |  |  |  |

## 第3節　連結損益計算書

　**連結損益計算書**は，企業集団全体が1年間の活動により，どのような源泉からいくらの純利益を獲得したかを示す書面です。連結損益計算書は，親会社と連結子会社の個別損益計算書を基礎として，同じ項目同士の金額を合算するとともに，集団内部での取引から生じている項目を相殺消去して作成します。連結損益計算書を作成する場合にも，企業集団内部での財貨や資金の単なる振替によって生じたに過ぎない項目や金額は，連結決算の過程で相殺消去しなければなりません。

　そのような相殺消去が必要な項目には次の2つがあります。第1は親会社と子会社の間の**内部取引の相殺消去**です。第2は期末在庫などに含まれる**未実現利益の消去**で，親会社から子会社へ販売した商品がまだ子会社に残っていてその商品に利益が付加されている場合には，この利益を消去しなければなりません。

| 内部取引高の相殺消去 | 債権・債務の相殺消去 |
|---|---|
| 売上高⇔売上原価 | 買掛金⇔売掛金 |
| | 支払手形⇔受取手形 |
| 受取利息⇔支払利息 | 未払費用⇔未収収益 |
| | 前受収益⇔前払費用 |
| | 借入金⇔貸付金 |
| 受取配当金⇔剰余金の配当 | |

　このようにして作成する連結損益計算書には次のような連結決算の項目が登場します。①非支配株主利益と②連結上ののれん償却額です。①の**非支配株主利益**は，子会社が獲得した利益のうち，非支配株主に帰属する部分です。連結損益計算書は，親会社と子会社の損益計算書を同じ項目同士を合算して作成するため当期純利益も合算されます。しかし子会社の当期純利益の中に非支配株主に帰属し，親会社の利益にならない部分があります。そのため企業集団全体の当期純利益から「非支配株主に帰属する当期純利益」を控除した残額が，「親会社株主に帰属する当期純利益」になります。②の**のれん償却額**は，連結貸借対照表の作成に際して生じたのれんの当期分の償却額であり，会社の合併時には同じ項目が個別損益計算書にも登場します。

　支配獲得日以降について，連結仕訳の内容は親会社・子会社の財務諸表には影響を与えないため過去にさかのぼってやり直す必要があります。ただし支配獲得日の仕訳と異なるため，子会社の資本金勘定の代わりに**資本金期首残高**，利益剰余金の代わりに**利益剰余金期首残高**，非支配株主持分の代わりに**非支配株主持分期首残高**で仕訳します。

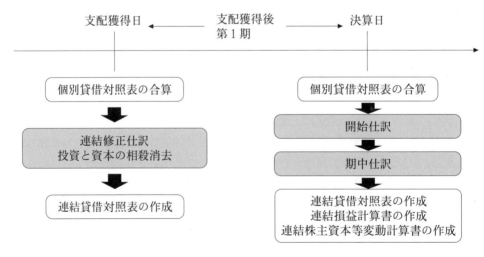

設例16－2

次の取引に基づき，期末に必要な連結修正仕訳をしなさい。

Ｐ社は外部から￥1,000,000で仕入れた商品に￥200,000の利益を上乗せし，Ｓ社に￥1,200,000で販売した。当該商品はＳ社において期末在庫になっている。

（借）売　　　　上　　1,200,000　　（貸）売上原価　　1,200,000
　　　　売上原価　　　　200,000　　　　　商　　品　　　200,000

設例16－3

親会社であるＰ社は，×年12月31日に，子会社であるＳ社の株式80％を￥180,000で取得した（Ｐ社，Ｓ社とも12月31日を決算日とし，会計期間は１年間である）。

Ｓ社の当期純利益は￥30,000であった。連結第１年度（×2年12月31日）において必要な子会社当期純損益の非支配株主への振替の仕訳をしなさい。

（借）非支配株主に帰属する当期純損益　　6,000　　（貸）非支配株主持分当期変動額　　6,000

## 第4節　連結株主資本等変動計算書

**連結株主資本等変動計算書**は，連結貸借対照表の純資産の部を構成する項目について，期首残高から期中の増減を経て期末残高に至るプロセスを表示するために作成する書面です。企業別の計算書と連結での計算書の相違点は次の３つです。企業別計算書では，株主資本，評価・換算差額等が「その他の包括利益累計額」という項目で記載されること，②連結では第４の大区分として「非支配株主持分」という区分が設けられること，③連結財務諸表は通常は配当制限には用いないため，資本剰余金と利益剰余金について，その詳細な内訳区分が必要とされないことです。

連結株主資本等変動計算書の作成に際して重要な考慮事項は，子会社が支払った配当金についてです。子会社による配当金の支払いは，子会社の利益剰余金を減少させるので，非支配株主持分の評価を低下させる要因となります。またその配当金の多くは，株主である親会社に分配されて受取配当金として記録されています。しかしこれは企業集団の内部での金銭の振替にすぎないから，相殺消去しなければなりません。

## 第5節　会社の合併

これまで概観した連結財務諸表は，法律上は別々の会社として独立している親会社と子会社を，その経済的実態からみて１つの集団とみなして作成します。これとは別に，ある会社が別の会社を自己の内部に取り込んで，法律上も１つの会社になってしまうような場合があります。その典型例が**会社の合併**です。

ある会社が別の会社を買収して１つの会社になる取引の会計処理はパーチェス法を用います。具体的には合併により株主が支配を失う側の会社（被取得企業）の資産と負債は，時価で評価して，

他方の会社（取得企業）に引き継がれます。その取得原価としては，引き継がれた純資産の時価と，引き渡した支払い対価のうち，より高い信頼性をもって測定できる方が採用されます。そのため上場企業が自社株を対価とする合併では，その株価に基づく金額が取得原価となります。引き継いだ純資産の時価よりも，その取得原価が大きければ，その差額は被取得企業の超過収益力に対して対価が支払われたことを意味するため，これをのれんとして資産計上します。逆に引き継いだ純資産額より支払った対価が少なければ，割安での取得と考えて，差額は特別利益に計上されます。

### 設例16-4

次の取引を仕訳しなさい。

長万部株式会社は，野田株式会社を吸収合併することにし，株式（1株当たりの発行価額¥60,000）70株を野田株式会社の株主に交付し，全額を資本金に組み入れた。諸資産・負債の引継ぎは，次の貸借対照表の金額による。

貸 借 対 照 表

X1年1月31日

| | | | | |
|---|---:|---|---|---:|
| 当 座 預 金 | 200,000 | 買 掛 金 | | 1,600,000 |
| 売 掛 金 | 1,800,000 | 借 入 金 | | 2,000,000 |
| 商 品 | 2,400,000 | 資 本 金 | | 1,000,000 |
| 備 品 | 3,000,000 | 資 本 準 備 金 | | 100,000 |
| | | 利 益 準 備 金 | | 200,000 |
| | | その他利益剰余金 | | 2,500,000 |
| | 7,400,000 | | | 7,400,000 |

|  | （借）当座預金 | 200,000 | （貸）買掛金 | 1,600,000 |
|---|---|---:|---|---:|
| | 売 掛 金 | 1,800,000 | 借入金 | 2,000,000 |
| | 商 品 | 2,400,000 | 資本金 | 4,200,000 |
| | 備 品 | 3,000,000 | | |
| | の れ ん | 400,000 | | |

**練習問題**

　×1年3月31日，P社はS社の発行済株式総数の80％を5,200千円で取得し，S社を子会社とした。資料に基づき支配獲得日における連結修正仕訳を示し，連結貸借対照表を作成しなさい。

貸 借 対 照 表

X1年3月31日　　　　　　（単位：千円）

| 資産 | P社 | S社 | 負債・純資産 | P社 | S社 |
|------|------|------|------|------|------|
| 現金預金 | 4,800 | 3,500 | 借　入　金 | 3,000 | 1,000 |
| 建　　物 | 3,200 | 3,500 | 資　本　金 | 8,000 | 5,000 |
| S社株式 | 5,200 | | 利益剰余金 | 2,200 | 1,000 |
| | 13,200 | 7,000 | | 13,200 | 7,000 |

（単位：千円）

| 借方科目 | 金額 | 貸方科目 | 金額 |
|------|------|------|------|
| | | | |
| | | | |
| | | | |
| | | | |

連 結 貸 借 対 照 表

X1年3月31日　　　　　　（単位：千円）

| 資産 | 金額 | 負債・純資産 | 金額 |
|------|------|------|------|
| | | | |
| | | | |
| | | | |
| | | | |

― 171 ―

# 索　引

## （ア行）

アキュムレーション　　80
アモチゼーション　　80
洗替法　　50
洗替方式　　79
青色事業専従者　　160
青色申告者　　148
青色申告制度　　135
青色申告特別控除
　　　　　149, 152, 154
青色専従者給与　　149
青伝　　128
赤伝　　128
一勘定制　　26
一時的な処理　　22
1伝票制　　127
一部現金取引　　128
一部振替取引　　128
一般の居住者　　148
移動平均法　　43
医療費控除　　159
受取手形　　53
受取手形記入帳　　60
受取人　　25
内金　　66
裏書譲渡　　57
売上原価　　40
売上総利益　　40
売上帳　　41
売上伝票　　129
売上値引　　48
売上戻り　　48
売上割引　　49
売上割戻　　48
売掛金　　45
英米式決算法　　17
益金の額　　139

## （カ行）

買掛金　　45
会計係　　28
開始記入　　17
会社の合併　　169
係印欄　　128
貸方　　9, 86, 88
家事関連費　　155
貸倒れ　　49
貸倒損失　　49
貸倒引当金繰入　　49
貸倒引当金戻入　　50
課税総所得金額　　150
借方　　9, 84, 86, 87
借方残高　　20, 88
借越限度額　　25
為替手形　　53
勘定科目（欄）　　8, 121
関係会社株式　　74, 91
関連会社　　165
関連会社株式　　74
基礎控除　　160
記帳印欄　　128
起票　　127
寄付金控除　　160
キャピタルゲイン　　157
給与所得控除　　157
居住者　　148
切放方式　　79
銀行勘定調整表　　32
銀行預金勘定　　24
金融手形　　53
繰越記入　　17
繰越試算表　　17, 107
クレジット売掛金　　45
黒伝　　128
経常所得　　150
決算日　　97

決算整理仕訳　　95
決算整理前（後）試算表
　　　　　　　　　　100
決算振替仕訳　　95
月末補給制　　29
現金過不足勘定　　22
現金勘定　　20
現金支払帳　　21
現金収入帳　　21
現金出納帳　　21
源泉徴収　　67
源泉徴収制度　　151
合計残高試算表　　13, 100
合計試算表　　13, 100
合計転記　　121, 124, 130
控除対象配偶者　　160
子会社　　165
子会社株式　　73, 91
小切手を振り出す　　25
誤記入　　32
小口現金　　28
小口現金係　　28
小口現金勘定　　28
小口現金出納帳　　28, 31
5伝票制　　127, 129
5棟10室　　153
五分五乗方式　　156
個別財務諸表　　165
個別転記　　121, 124, 130
混合勘定　　26

## （サ行）

債権債務関係　　110
債権と債務の相殺消去　　166
最終仕入原価法　　154
債務確定基準　　141
債務確定主義　　150
差額補充法　　50
先入先出法　　43

雑益勘定　22
雑損勘定　22
残高式　121
残高試算表　13，100
残高証明書残高　32
3伝票制　127
三分法　38
仕入先元帳　46
仕入帳　40
仕入伝票　129
仕入値引　48
仕入戻し　48
仕入割引　49
仕入割戻　48
自家消費　94，154
時間外預入　32
自己宛為替手形　56
自己受為替手形　56
資産　8，84
試算表　13，100
地震保険料控除　159
実際残高　22
支店相互間の取引　112
支店独立会計制度　109
支店へ売上　111
支店より仕入　111
支配力基準　165
支払手形　53
支払手形記入帳　60
支払手付金　66
資本　8，94
資本金期首残高　168
資本振替　106
締め切る　106
借用証書　65
収益　8
収益の繰延　102
収益の見越　103
集合勘定　15
修正仕訳　32
出金伝票　128
主任印欄　128
主要簿　120

障害者控除　160
少額減価償却資産　155
償却原価法　80
償却債権取立益　51
商業手形　53
証憑　127
商品有高帳　42
消耗品　103
諸掛り　40
諸口欄　121
所得控除　159
諸預金勘定　24
仕訳　10，86，94
仕訳月計表　130
仕訳集計表　130
仕訳週計表　130
仕訳帳　10，120
仕訳日計表　130
申告納税制度　135
人名勘定　46
随時補給制度　28
正規の簿記の原則　148
生計を一　155，160
精算表　14，104
生命保険料控除　159
総勘定元帳　12，120
総合課税　150
贈与　154
その他の本支店間の立替
　　　　　　　　　　112
その他有価証券　74
損益計算書　105
損益通算　150
損益振替　106
損金経理　137
損金の額　137

（タ行）

貸借対照表　105
貸借対照表等式　94
貸借平均の原理　10
退職所得控除　157
多欄式現金出納帳　121

単一仕訳帳制　120
担税力　150
帳簿残高　22，87
帳簿組織　120
帳簿組織の立案　120
通貨代用証券　20
月初補給制　29
定額資金前渡法　28
手形貸付金　58
手形借入金　58
手形の割引　57
手形売却損　58
手付金　66
転記　12
電子記録債権　60
電子記録債務　60
伝票　127
伝票式会計　120
当座借越　26
当座借越勘定　26
当座借越契約　25
当座勘定　26
当座預金　24
当座預金勘定　25，26
当座預金勘定残高　32
当座預金出納帳　27
投資と資本の相殺消却　166
投資有価証券　74，91
統制勘定　46
得意先元帳　46
特殊仕訳帳（制）　120，121
特定扶養親族　160
特別控除（額）　156，158
特別障害者　160
特別欄　121
取引の二面性　10

（ナ行）

内部通算　158
内部取引の相殺消去　167
内部利益　114
荷為替手形　59
二勘定制　26

二重課税　　　141，151

二重仕訳　　　125

二重転記　　　125

入金伝票　　　128

納税充当金　　　140

のれん（営業権）　　90，166

のれん消却額　　　168

　　　　　（ハ行）

配偶者控除　　　160

配当控除　　　151

売買目的有価証券　　　72

端数利息　　　76

発生主義　　　141

半額課税　　　157，158

非永住者　　　148

非居住者　　　148

引渡基準　　　163

非支配株主持分　　　166

非支配株主持分期首残高

　　　　　　　　　168

非支配株主利益　　　168

必要経費　　　159

費用　　　8，85

費用の繰延　　　101

費用の見越　　　102

評価勘定　　　87，95

標準式　　　121

附加税　　　140

複合仕訳帳制　　　120，121

負債　　　8

付随費用　　　72，84

普通仕訳帳　　　121

扶養控除　　　160

扶養親族　　　160

振替　　　15，91，97

振り替え　　　84，96

振替仕訳　　　15

振替伝票　　　128

振出人　　　25

分記法　　　37

分離課税　　　151

別表四　　　137

補助記入帳　　　120

補助簿　　　21，120

補助元帳　　　120

本支店合併財務　　　115

本支店間での債権債務

　　　　　　　　　111

本店集中会計制度　　　109

本店へ売上　　　111

本店より仕入　　　111

　　　　　（マ行）

満期保有目的債権　　　73，91

未記帳　　　32

未実現利益の消去　　　167

未達取引　　　113

未取立小切手　　　32

未取付小切手　　　32

未払金　　　32

未渡小切手　　　32

元丁欄　　　121

　　　　　（ヤ行）

約束手形　　　53

預金　　　24

　　　　　（ラ行）

利益剰余金期首残高　　　168

利息法　　　81

暦年基準　　　152

連結株主資本等変動計算書

　　　　　　　　　169

連結財務諸表　　　165

連結損益計算書　　　167

連結貸借対照表　　　166

連絡未達　　　32

老人控除対象配偶者　　　160

著者紹介（五十音順）

**市原　啓善**（いちはら　ひろよし）：第4章，第8章担当。
　小樽商科大学商学部　准教授
　　＜主要業績＞
　　「我が国における減配回避と報告利益管理行動の分析」『会計・監査ジャーナル』第23巻第11号，pp.91-102，2011年10月.
　　「減配回避を目的とした報告利益管理行動と配当規制の改正」『年報経営ディスクロージャー研究』第12号，pp.19-34，
　　　2013年12月.

**許　　霽**（きょ　さい）：第3章，第13章担当。
　福山大学経済学部　教授
　　＜主要業績＞
　　「中国における外国投資企業会計制度の現状と課題」『福山大学経済学論集』第35巻第1号，pp.31-45，2010年4月.
　　「中国進出企業における会計上の諸問題」『福山大学経済学論集』第36巻第2号，pp.27-41，2011年10月.
　　「日本企業会計制度の現状と課題」『日本学研究』第13号，pp.97-104，2018年12月.

**櫻田　譲**（さくらだ　じょう）：第7章，第12章，第14章，第15章担当。
　北海道大学大学院経済学研究科・会計専門職大学院　准教授
　　＜主要業績＞
　　「みなし配当・みなし譲渡課税が資本剰余金配当に与える影響について」『第35回日税研究賞入選論文集』，pp.11-50.
　　　2012年8月31日. http://eprints.lib.hokudai.ac.jp/dspace/handle/2115/50102
　　「外国子会社利益の国内環流に関する税制改正と市場の反応」『租税資料館賞受賞論文集第二十回（二〇一一年）
　　上巻　公益財団法人租税資料館』，pp.233-258.　2012年2月1日.（院生と共著）
　　　http://eprints.lib.hokudai.ac.jp/dspace/handle/2115/47740
　　「ストック・オプション判決に対する市場の反応」『第6回税に関する論文　入選論文集』財団法人　納税協会連合会，pp.53-94.
　　　2010年11月30日.（大沼宏氏と共著）　http://eprints.lib.hokudai.ac.jp/dspace/handle/2115/44424
　　『税務行動分析』北海道大学出版会，2018年2月28日.

**園　弘子**（その　ひろこ）：第1章担当。
　九州産業大学経済学部　教授
　　＜主要業績＞
　　『偶発事象会計の展開―引当金会計から非金融負債会計へ―』創成社，2007年4月.（共著）
　　『農業ビジネス学校―自立する地域への七章』ニューヨークアート，2009年9月.（共著）
　　『財務報告の方法と論理』五絃舎，2019年5月.（共著）
　　「上水道事業の原価管理支援システム開発〜香美市を事例として」『実践経営学会年次報告書』No.55，2018年8月. 実践経営
　　　学会学術奨励賞.

**髙木 秀典**（たかぎ　ひでのり）：第9章，第10章担当。

札幌大学 非常勤講師

＜主要業績＞

「スウェーデンにおける財務報告の歴史」『欧州比較国際会計史論』同文舘出版，1997年5月.（共訳書）

「連結会計用語のうち5つの語義を担当」『コンパクト連結会計用語辞典』税務経理協会，2007年3月.（共著）

「新たな『コンピュータ会計』教育の研究―『コンピュータ会計能力検定』試験1級を用いた試み―」『専修大学北海道短期
大学紀要』44号，2011年12月.

「金融商品への時価会計導入とその評価」『札幌国際大学紀要』第45号，2014年3月.

「新規株式公開とコーポレートブランド―日本郵政株式会社の事例より―」『札幌国際大学紀要』第47号，2016年3月.

「税理士試験『今年の予想問題を分析する　財務諸表論』」『会計人コース』Vol.55，No.9（7月臨時号），中央経済社，
2020年6月.


**政田　孝**（まさだ　たかし）：第5章，第6章担当。

税理士　公立鳥取環境大学経営学部 非常勤講師

＜主要業績＞

「株式等のキャピタル・ゲイン課税に関する研究」『広島経済大学安芸論叢』第2号，pp.33-56，1990年3月.

『実習簿記・会計』清文社，2006年10月10日.（執筆協力）

令和2年度　鳥取市包括外部監査報告書「新市庁舎建築等に関する財務事務の執行について」令和3年1月　鳥取市包括外部
監査人　政田　孝


**柳田　具孝**（やなぎだ　ともたか）：第11章，第16章担当。

東京理科大学経営学部経営学科 助教

＜主要業績＞

"The Effect of the 2015 Revision to the Corporate Governance Code on Japanese Listed Firms", Proceedings of
the 11th International Conference of The Japanese Accounting Review, 2020年

「上場企業における超高額役員退職金の支給状況とコーポレート・ガバナンスの関係」『産業経理』，第79巻3号，2019年，
pp.134-143.（共著）


**矢野 沙織**（やの　さおり）：第2章担当。

西日本短期大学ビジネス法学科 准教授

＜主要業績＞

「期末資本の2重計算構造の確立と複式簿記 ── Marshの1850年代の業績の比較を通して ──」『日本簿記学会年報』第29号，
2014年，pp.132-138.

「第4章　19世紀米国における会計的認識と利益計算構造の歴史的考察 ── C.C.Marshの簿記理論を手がかりとして ──」
高橋和幸編著『企業会計システムの現状と展望 ── 会計記号論を視野に入れつつ ── 』五絃舎，2017年.

# 基礎簿記会計

| | | |
|---|---|---|
| 2011年4月20日 | 初版発行 | |
| 2012年3月25日 | 改訂版発行 | |
| 2013年3月25日 | 改訂版二刷発行 | |
| 2015年3月25日 | 三訂版発行 | |
| 2016年9月30日 | 四訂版発行 | |
| 2017年9月30日 | 四訂版二刷発行 | |
| 2019年3月25日 | 四訂版三刷発行 | |
| 2021年3月25日 | 五訂版発行 | |

著　者：市原啓善・許　霽・櫻田　譲・園　弘子
　　　　髙木秀典・政田　孝・柳田具孝・矢野沙織
発行者：長谷雅春
発行所：株式会社五絃舎
　　　　〒173-0025
　　　　東京都板橋区熊野町46-7-402
　　　　TEL・FAX：03-3957-5587

組　版：Office　Five　Strings
印刷・製本：モリモト印刷
Printed in Japan ⓒ 2021
ISBN978-4-86434-128-8